Pequeña filosofía del océano

Título original: *Petite philosophie du grand large*
Diseño gráfico: Gloria Gauger
© Éditions Le Pommier/Humensis, 2023
© De la traducción, Carolina Santano Fernández
© Ediciones Siruela, S. A., 2025
c/ Almagro 25, ppal. dcha.
28010 Madrid Tel.: + 34 91 355 57 20
www.siruela.com
ISBN: 978-84-10415-71-3
Depósito legal: M-3.508-2025
Impreso en Anzos
Printed and made in Spain

Papel 100% procedente de bosques gestionados
de acuerdo con criterios de sostenibilidad

Claude Obadia

Pequeña filosofía del océano

Traducción del francés
de Carolina Santano Fernández

Siruela

Biblioteca de Ensayo 91 (serie menor)

Índice

Prólogo

Domingo 25 de julio de 2021, siete de la mañana. Hacía veinticuatro horas que habíamos zarpado a bordo de un velero de doce metros del pequeño puerto de Combarro ubicado en Galicia, cerca de Vigo. ¿Nuestro objetivo? Arribar sin escalas al puerto de origen, Port-la-Fôret, en el departamento francés de Finisterre. Nuestros informes meteorológicos, que indicaban que podíamos emprender la travesía por el golfo de Vizcaya sin temor a un vendaval, nos habían dejado temerosos, especialmente a lo largo de las costas españolas, de aquello que los marineros llaman «calmazo», esto es, muy muy poco viento. Y, efectivamente, llevábamos veinticuatro horas *arrastrándonos* sin hacer pleno uso del potencial del barco, que alcanza poca velocidad cuando el viento sopla a menos de diez nudos.[1] Estábamos, literalmente, pegados a La Coruña y la costa se negaba a alejarse. El cielo estaba plomizo y desapacible y, por si fuera poco, la lluvia no tardaría en encapotarlo. «¡Es desesperante!», pensé; cómo no… Y mi compañero (éramos dos a bordo) seguro que también lo pensó. Sin embargo, todavía no habíamos hablado del tema. Pese a que no fuera el método de propulsión principal, el velero tenía un motor. ¿Debíamos encenderlo?

Por un lado, todavía nos quedaban cerca de quinientas millas náuticas[2] por recorrer antes de alcanzar nuestra meta. Los informes meteorológicos nos auguraban buenas condiciones de navegación durante cinco días: hasta el treinta de julio. Ahora bien, a la velocidad de 2,5 nudos a la cual avanzábamos desde hacía más de veinticuatro horas, habrían hecho falta ocho días para llegar a las costas bretonas; demasiado tiempo. Sobre todo, teniendo en cuenta el vasto sistema de bajas presiones que se aproximaba desde Alaska y que, al intensificarse a medida que se acercara al canal de la Man-

[1] Unidad de medida de la velocidad de un barco. Un nudo equivale a una milla marina (1852 metros) por hora.

[2] Unidad de medición de la distancia utilizada en el mar. Una milla marina equivale a 1852 metros.

cha y al golfo de Vizcaya, ocasionaría condiciones de navegación potencialmente peligrosas. Pero, por otro lado, desde la perspectiva de un purista, un velero es, por definición, un barco con velas y, por tanto, una embarcación que no puede avanzar de forma natural salvo que sople el viento. ¿Cuál era pues la mejor opción? ¿Aceptar la situación, a la manera de un sabio estoico, dejar que pasara lo que tuviera que pasar[3] y esperar pacientemente a que arreciara el viento? ¿Asumir que la opción más sensata era aceptar las cosas tal y como nos eran dadas y dejar de intentar que la realidad se conformara a nuestros deseos? O, por el contrario, ¿convendría hacer gala de prudencia y anticipar una degradación de las previsiones meteorológicas más rápida de lo previsto? Y, en ese caso, ¿debíamos encender el motor sin saber cuándo podríamos prescindir de él? De todos modos, esa era una decisión que no me correspondía, pues, al menos en aquella travesía, yo no era el capitán. Así pues, se conjugaban dos dificultades. La primera, ya descrita, consistía en tomar una decisión y definir un

[3] Epicteto, *Manual*, París, Bordas, 1997, pág. 11. [Traducción al castellano: *Manual para la vida*, Madrid, Guillermo Escolar Editor, 2022].

rumbo de acción sin disponer de certeza alguna, ya que ignorábamos cuándo arreciaría el viento y en qué momento nos sobrevendría la inminente borrasca. Fatalismo o anticipación: había que decidir. La segunda era relacional y psicológica: las dos personas a bordo teníamos que ponernos de acuerdo, aunque cada uno tuviéramos una percepción del riesgo y del peligro distinta de la del compañero. Tras varias horas de titubeo, el capitán optó por encender el motor durante unas diez horas y emprender la ruta hacia el norte en busca de la ventaja del viento.

¿Por qué relato este episodio tan familiar para los marineros más avezados? Pues porque pone de manifiesto algunas ideas que definen parcialmente la premisa de este libro. Lo primero es que las situaciones y las decisiones que derivan de la navegación en alta mar obligan constantemente a los marineros a definir una actitud —o, más bien, una forma de navegar que, en el fondo, no es solo una manera, sino un arte—, de vivir. Si en el ejemplo anterior hubiéramos preguntado a Epicteto, filósofo de la escuela estoica, qué decisión tomar, nos habría recomendado aceptar la situación que se nos había dado, es decir, la ausencia de viento, y esperar serenamente a que cambiara. Y si hubiéramos argüido que, al esperar, nos arriesgábamos a que la inminente tempestad se precipitara sobre nosotros, nos habría recordado que, puestos a morir, la manera y el momento poco importan… Sin embargo, si hubiéramos preguntado a Descartes, sin lugar a duda, el autor de *El discurso del método* lo hubiera refutado con dos argumentos.

En primer lugar, que no por carecer de certezas sobre el futuro debemos abstenernos de actuar (Descartes preconiza este principio en la tercera parte de *El discurso del método*: la segunda máxima de la moral provisional). Si nuestras decisiones dependieran de las certezas que tenemos, entonces nunca tomaríamos ninguna decisión y no actuaríamos jamás.

En segundo lugar, que, en ausencia de certezas, es mejor ceñirse a la opción más sensata y probable, y atenerse con firmeza y constancia a la decisión que hemos tomado. Habida cuenta de que, sin motor, la travesía duraría ocho días si el viento no arreciaba y que, además, el temporal previsto llegaría a nuestra zona en cinco días, entonces se imponía encender el motor, siempre y cuando la velocidad en la ruta más directa permitiera hacer el recorrido en menos de cinco días, para así poder escapar del temporal pronosticado.

Como navegar significa hacer apuestas sobre el futuro y este es siempre contingente, no es de extrañar que las estrategias adoptadas en alta mar entrañen, como veremos más adelante, decisiones que podríamos considerar «filosóficas». Asimismo, los imprevistos con que se encuentra todo marinero se pueden considerar ejercicios que, más allá de la dimensión marítima, sirven para adquirir destrezas para la existencia, es decir, habilidades útiles para conducirse de manera apropiada por la vida y para desarrollar fuerza de espíritu y serenidad.

Cuando navegamos y cuando filosofamos soltamos amarras que, en algunos casos, nos atan a tierra firme y, en otros, nos atan a ideas preconcebidas que, a menudo, no somos capaces de cuestionar. Como procuraré demostrar, salir a navegar no es sino lanzarse a la aventura con los ojos bien abiertos para descubrir continentes y regiones hasta ahora inexplorados. Ahora bien, ¿qué es filosofar sino aventurarse a explorar nuestras opiniones, no para deleitarse en ellas, sino para transgredirlas y descubrir ideas que, hasta ese momento, no pensábamos que fueran relevantes? La analogía, huelga decir, no termina aquí.

Si filosofar consiste en buscar la verdad, y la búsqueda de la verdad requiere coraje —el coraje de reconocer los errores del pasado— y esfuerzo para pensar «en contra nuestra» y cuestionar nuestras propias opiniones sin albergar nunca la certeza de poder ver esta audaz empresa coronada de éxitos, entonces la navegación en alta mar y la filosofía presentan muchas similitudes. Siempre se ha de abandonar un refugio antes de alcanzar otro. Antes de soltar amarras, por fuerza, se ha de aceptar que la travesía pudiera no desarrollarse como habíamos anticipado. Siempre podría surgir una avería. Las previsiones meteorológicas no son sino probabilidades y, aun cuando dirigimos la roa[4] de nuestro barco hacia las Azores, las Antillas o Cabo Verde, hemos de ser conscientes de que la fiabilidad de las previsiones a quince o veinte días vista es más que relativa. En resumen, es importante comprender que la travesía no se desarrollará necesariamente como nosotros queremos y que no siempre nos llevará adonde deseamos ir. Lo imponderable es imponderable: problemas materiales, preocupaciones de salud, etc. Son tantos los acontecimientos para los que convendría prepararse antes de zarpar aun no siendo previsibles…

[4] Velero de competición monocasco de sesenta pies de eslora. *(N. de la T.)*.

Por lo tanto, convendremos en que si en algo se asemeja la navegación a la reflexión es, en primer lugar, en que la una y la otra exigen compromiso. Porque reflexionar precisa esfuerzo y voluntad. Porque la reflexión, como la navegación en alta mar, requiere autonomía. Porque no se reflexiona sino en soledad. Porque tratar de pensar lo que otros no han pensado, osar cuestionar lo que el común de los mortales tiene por una evidencia no está exento de riesgos: podríamos malograrnos en el error, perdernos en la confusión… En otras palabras, filosofar o, dicho de otra manera, buscar la verdad implica correr el riesgo de fracasar; un riesgo necesariamente relacionado con las travesías y que se describe a la perfección en la frase atribuida al filósofo escita Anarcarsis (siglo VI a. C.): «Hay tres tipos de hombres: los vivos, los muertos y los que salen a navegar».[5] Aunque ahí no terminan las similitudes.

En general, la filosofía se considera una actividad teórica y especulativa. Hoy por hoy, se trata de una disciplina que, en Francia, se enseña en secundaria y en la universidad. Ahora bien, como señaló

[5] Salvo que se indique expresamente en la nota bibliográfica y se indique su procedencia, todas las traducciones de las citas son originales. (N. de la T.).

el filósofo Pierre Hadot,[6] los griegos, que fueron quienes la inventaron, ¡no inventaron una actividad estrictamente teórica y escolar! Idearon estilos de vida o, dicho de otro modo, maneras de transformarse a uno mismo mediante el cuidado de los pensamientos propios para así poder alcanzar un estado de equilibrio y paz interior. Ya lo decía Epicuro: «La filosofía es una actividad que, mediante discursos y razonamientos, nos procura una vida feliz».[7] Una explicación que señala con claridad que la filosofía no se inventó como se inventa una ciencia, sino como se inventan los ejercicios de transformación personal destinados a permitirnos acceder a la felicidad, incluso cuando no nos sonríe la suerte.

Dicho lo cual, navegar en alta mar, donde no se puede contar con otros, ¿qué es sino ponerse a prueba a uno mismo? Al posicionarse deliberada-

---

[6] Pierre Hadot, *Qu'est-ce que la philosophie antique?*, París, Gallimard, «Folio essais», 1995, págs. 17-19. [Traducción al castellano: *¿Qué es la filosofía antigua?*, Madrid, Fondo de Cultura Económica de España, 1998].

[7] Epicuro, *Lettres et maximes*, París, PUF, 1987, fragmento 219, pág. 41. [Traducción al castellano: *Cartas a Meneceo. Máximas capitales*, Madrid, Alhambra, 1987].

mente en situaciones que algunos consideran «de riesgo» nos encontramos con múltiples ocasiones para aprender a conocernos, a dominarnos y a superar nuestros miedos. Sin embargo, cuidémonos de pensar que el marinero, al hacerse a la mar, se lanza con incongruencia en los brazos del peligro, como un verdadero inconsciente. Al contrario, sabe que darse a la mar entraña aceptar que, al dejar atrás tierra firme, se arriesga a vivir situaciones indeseadas y que se tendrá que adaptar a las que le toquen. No obstante, ¿no es precisamente ese esfuerzo por aceptar del marinero el que permite, a fin de cuentas, que este descubra que la felicidad depende menos de las posesiones materiales que tenemos (o no tenemos) que de la manera en la que vemos esas cosas?

Vivir en el mar, como trataré de demostrar, precisa tanta audacia como prudencia, tanta determinación frente a las dificultades como humildad y paciencia. Así pues, basándome en mis propias experiencias de navegación en alta mar, pero también en ciertos acontecimientos e imprevistos que han marcado la historia de las regatas transoceánicas en solitario,[8] sin más dilación, me

[8] *Course au large en solitaire*: carrera de vela típica de Francia.

gustaría proponerles a las lectoras y a los lectores que suban sus pertenencias a bordo y que zarpemos en busca de las virtudes filosóficas de la vida en mar abierto.

Similares a las regatas, pero, a diferencia de estas, son competiciones de larga distancia, habitualmente transoceánicas, y se puede participar en equipo, en pareja o en solitario. *(N. de la T.)*.

I

«Hay tres tipos de hombres: los vivos, los muertos y los que salen a navegar»

El 16 de octubre de 1992, el navegante estadounidense Mike Plant zarpó del puerto de Nueva York con destino a Les Sables-d'Olonne a bordo de su nuevo Imoca Open 60,[9] Coyote, para participar por segunda vez en la Vendée Globe: una regata transoceánica en solitario y sin escalas. El 27 de octubre, el navegador activó la baliza de emergencia, pero como había olvidado registrarla en la Dirección General de la Marina Mercante, hasta el 6 de noviembre no se iniciaron las pesquisas. El 29 de noviembre, el Coyote fue localizado a 460 millas al norte de las Azores. El barco había zozobrado y faltaba el bulbo de la quilla. Jamás se llegó

[9] Velero de competición monocasco de sesenta pies de eslora. *(N. de la T.)*.

a encontrar el cuerpo de Mike Plant, uno de los navegantes de vela oceánica más talentosos de su generación. ¿Cuál fue la causa exacta de su desaparición? Nunca lo sabremos. ¿Un fallo humano? ¿Técnico? ¿Una ola gigante?[10] Todas las hipótesis son posibles, no podemos descartar nada. Solo hay una certeza: quien se hace a la mar siempre corre el riesgo de no regresar. No es que el mar sea traicionero ni, mucho menos, perverso como lo pinta una representación popular de lo más arraigada. Pero hacerse a la mar siempre supondrá lanzarse a la aventura. Platón supo comprenderlo, y es a este filósofo a quien se le atribuyó durante muchos años, no sin discusión, la cita previamente mencionada en el prólogo: «Hay tres tipos de hombres: los vivos, los muertos y los que salen a navegar». ¿Qué quiere decir Platón? Y, ¿por qué la llamada del mar es una invitación a la aventura?

Quien haya orientado la roa de su barco hacia el mar sabrá que no se han de soltar amarras sin un mínimo de preparación. Es preciso comprobar el correcto estado del navío, en especial del

---

[10] Ola de gran altura, repentina y extremadamente rara que le dobla la altura a las olas que la rodean y que está provocada por la conjunción de las corrientes, el viento y las olas.

aparejo,[11] pero también de las velas y del motor. Hay que aprovisionarse y comprobar que todos los miembros de la tripulación disponen de la vestimenta adecuada y que no adolecen de problemas de salud severos. También hay que definir una ruta de navegación adaptada a las condiciones meteorológicas y a las competencias globales de la tripulación... En resumidas cuentas, hacerse a la mar exige tanta meticulosidad como método. Conviene no dejar nada al azar y la razón es sencilla: si bien algunos de los sucesos que definirán la travesía —o la carrera si se trata de una competición— son previsibles e incluso deberían darse por sentado, toda experiencia de navegación trae consigo una serie de acontecimientos inesperados. Por esta razón, navegar, ya sea en alta mar o cerca de la costa, constituye una aventura a lo largo de la cual el azar y el fatalismo siempre hacen de las suyas.

Pero ¿qué es el azar? Es la posibilidad de que un suceso se produzca o no se produzca. También nos referimos a él como contingencia y decimos que un fenómeno se produce por azar cuando se produce sin razón ni finalidad. ¿Qué es el fatalismo? Es la na-

---

[11] Conjunto del material necesario para la manipulación de un barco de vela.

turaleza de lo que debe suceder; «escrito estaba allí arriba», como le dice Jacques a su amo en la famosa novela de Diderot, *Jacques el fatalista*. No obstante, como bien es sabido, toda travesía por el mar esconde alguna que otra sorpresa, más o menos buena... Un perno utilizado para sujetar el motor al fondo del barco que se suelta; un parte meteorológico que llega por fax en plena noche y que anuncia vientos de fuerza 10 en la escala Beaufort[12] en la zona que uno se dispone a atravesar; un eco de radar, de nuevo por la noche, que avisa de un gran buque a la deriva, a menos de dos millas náuticas, a una velocidad de 1,5 nudos y con todas las luces apagadas; un enrollador de la vela génova[13] que se rompe en medio del mar Céltico. ¿Estamos condenados a sufrir de manera pasiva este tipo de acontecimientos? No tenemos por qué. Reflexionemos pues...

Evidentemente, no tenemos la capacidad de determinar la fuerza del viento ni de modificar la trayectoria de un buque portacontenedores que amenaza con entrar en colisión con nuestro velero.

---

[12] Escala de 0 a 12 grados propuesta por el almirante Beaufort en 1806 (modificada en 1946) y utilizada para medir la intensidad del viento.

[13] Vela de gran superficie que se ubica delante del mástil.

No cabe duda de que esas cosas escapan a nuestro control. Sin embargo, aunque no siempre podamos prever la avería de un aparejo, sí podemos, antes de hacernos a la mar, comprobar minuciosamente que todo funciona correctamente; igual que podemos asegurarnos de controlar el estado de las velas antes de zarpar y de arriesgarnos a sufrir un temporal. También está en nuestro poder vigilar que nos alimentamos y dormimos bien cuando las condiciones de navegación son clementes, para poder estar lo más alerta posible por si nos topamos con condiciones meteorológicas peliagudas o por si sufrimos una avería grave. Así que no, efectivamente, no todo se puede prever. ¡Pero también hay que prever eso! Todo buen navegante ha de tener claro que deberá asumir todas las dificultades con que se encuentre. Habida cuenta de ello, en lugar de lanzarse a una travesía incierta con los ojos cerrados, deberá prepararse concienzudamente y anticipar la eventualidad de una situación delicada e imprevisible.

Queda claro que navegar conlleva riesgos, así que ¿por qué «salir a navegar»? ¿Por qué ponerse en peligro? Para entender por qué volvemos al mar pese a haber vivido momentos difíciles, antes que nada, lo primero es relativizar los peligros que corremos. Ya que, de nuevo, si bien no siempre podemos evitar atravesar una borrasca particularmente violenta, si nos preparamos bien, seremos capaces de hacerle frente. Hay que dominar la técnica y las maniobras que conviene realizar en caso de temporal, y asegurarse de zarpar en un barco en buen estado y acompañado, además, de una tripulación capaz de hacer frente a las dificultades. Así visto, ¿no es acaso el mar la mejor escuela de la vida?

Me repito: nunca se sabe qué nos deparará una travesía o una competición. En consecuencia, soltar amarras siempre supone decidirse a vivir lo improbable y, a veces, incluso lo inimaginable. Es más, podríamos incluso preguntarnos si lo inesperado es eso a lo que aceptamos enfrentarnos o si, por el contrario, es precisamente lo que buscamos enfrentar.

Les seré franco: el navegante que hay en mí mantiene una relación paradójica con todo aquello que, de un modo u otro, tiene que ver con el tipo de cosas que se pueden producir de forma accidental y que los filósofos denominan «contingentes». Nadie quiere que su barco sufra una avería, por pequeña que sea. Igual que nadie desea sufrir un accidente. Los percances nunca son deseados. ¡Nadie los invitaría a subir a bordo! Son unos aguafiestas y todos preferiríamos prescindir de ellos. Ahora bien, si una degradación repentina de las condiciones de navegación o un incidente acarrea una desorganización de la vida a bordo, los imprevistos le aportan a la navegación un sabor muy particular que no siempre nos ofrece nuestro rutinario día a día. Cuando surge un incidente, cuando el tiempo se echa a perder…, hay que reaccionar rápido, adaptarse. Nos vemos obligados a tomar decisiones que no habíamos previsto tomar, a resistir, en resumidas cuentas. Y, paradójicamente, pese al esfuerzo que conlleva, uno se siente fortalecido, más animado… Vivo. ¿De dónde nace este sentimiento? ¿Acaso no surge de la necesidad, lejos de toda costa y amparo, de resolver el aprieto y aceptar la situación presente?

Para la gran mayoría, aceptar una situación tal y como es y adaptarse a la realidad no suele ser sinónimo de felicidad. Pero tiene una explicación muy sencilla: lo normal es pensar que, para ser felices, debemos satisfacer todos nuestros deseos. Es decir, que todo vaya según lo planeado. Qué ingenuos, ¿verdad? Es inútil esperar que la realidad se conforme siempre a nuestros deseos. Y, además, ¿acaso no corremos el riesgo de malograrnos en la amargura y la frustración y, por tanto, hundirnos en la desgracia, si ligamos nuestra felicidad a la fantasía, a la multiplicidad y —conviene recordarlo— a la inconstancia de nuestros deseos?

Ya lo decían los sabios griegos: solo un loco querría que las cosas sucedan como él desea; los sabios, en cambio, saben que eso es imposible. Después de todo, el azar y el fatalismo no siempre nos van a sonreír. Por ello, Epicteto[14] nos recomienda que deseemos que las cosas sucedan tal y como han de suceder, y que nos contentemos con lo que tenemos —con lo que hay—, para así alcanzar la libertad y la felicidad. Quien espera que las cosas sucedan como él desea es, por así decirlo, esclavo de todo aquello que no depende de él. ¿Que el azar le priva de la posibilidad de ver uno de sus deseos cumplidos? Pues se sumirá en la tristeza. Y todo porque supedita su felicidad a cuestiones que no dependen de él. En cambio, el sabio se libera de todo aquello que lastra al loco. En cierta manera, los sabios se convierten en dioses que viven entre los hombres. Nada les afecta; no porque sean insensibles, sino simplemente porque desean *lo que hay*. Y como desean lo que hay, nada les puede decepcionar o amargar. Son siempre felices, por fuerza y duraderamente.

[14] Epicteto, *Manuel*, París, Bordas, 1997, pág. 11.

Por consiguiente, no es difícil entender esa felicidad tan singular que proporciona una vida en el mar. Una vida alejada de las preocupaciones de la vida en tierra firme y de la vida rutinaria que muchos de nosotros llevamos. Y, aun así, yo creo que la esencia de la felicidad radica en otros aspectos. Por ejemplo, en la alegría de contemporizar con los elementos; en la oportunidad que supone tener que adoptar la actitud apropiada en función de las situaciones singulares que se desarrollan una tras otra y sin ninguna similitud entre ellas; en la fuerza y la tranquilidad que me proporciona la habilidad de disfrutar del presente. En efecto, son estas pequeñas cosas las que nos acercan a esa extraña sensación que es vivir feliz y en paz. Y para disfrutar del presente, lo primero es dejar de pretender tercamente que las cosas son como no son. En este sentido, la navegación transoceánica constituye, inevitablemente, una práctica que nos obliga a mirar hacia dentro y a cuestionar nuestros principios porque, en el mar, nos vemos obligados a aceptar la realidad tal y como es. Esta práctica —pensémosla como el «respirar» de todo marinero— no es, ni más ni menos, que el ejercicio de la libertad. Una libertad de la que se puede disfrutar siempre y cuando se aprenda a aceptar y abrazar la realidad, aunque no se ajuste a nuestras expectativas. Por consiguiente, ¿quién podría negar que salir a navegar es matricularse en la escuela de la serenidad?

Esto me recuerda al verano del 2006. Tres amigos y yo decidimos salir a navegar varias semanas en dirección a Irlanda y, una vez llegados, rodearla por el oeste. Zarpamos desde La Rochelle y, en una etapa, arribamos al encantador puertecito de Camaret-sur-Mer, a la entrada de la ensenada de Brest. Después de dejarnos llevar por las corrientes del Raz de Sein, decidimos que, al día siguiente, pondríamos rumbo a las islas Sorlingas, al sudoeste de Gran Bretaña. Tendríamos que recorrer 120 millas náuticas, seguramente a unos seis nudos de media, y pasar una noche en el mar en condiciones meteorológicas que auguraban ser más que favorables.

De madrugada, al llegar a las islas, uno de los tripulantes decidió desenrollar la génova, que habíamos enrollado por falta de viento. Ahora bien, al ser un velero tan grande, el enrollador de génova era eléctrico; se puede enrollar y desenrollar manualmente en caso de avería eléctrica, pero no es lo más práctico. Como decía, el tripulante presionó el interruptor que controla la vela; no estaba familiarizado con el barco y, qué duda cabe, a esas horas estaría agotado por haber pasado toda la noche despierto. Con lo cual, ¿qué pasó? Se equivocó de interruptor y pulsó el que enrollaba la génova, ¡que ya estaba enrollada! Sucedió lo inevitable. El mecanismo del enrollador se rompió. De golpe y porrazo, habíamos perdido la posibilidad de enrollar y desenrollar, eléctrica y mecánicamente, la vela de proa. Era una catástrofe…

Evidentemente, no podíamos seguir adelante con la vuelta a Irlanda. El enrollador sirve para reducir o agrandar la superficie de la vela y sin él no podíamos equilibrar el velamen del barco. ¿Qué opciones había? ¿Pedir que nos mandaran una nueva pieza a este archipiélago tan poco frecuentado? Imposible. ¿Llevar el velero a un astillero, aquí en las islas Sorlingas, para que se hicieran cargo de la reparación del barco? También imposible. Debíamos apañárnoslas solos, como siempre que se sale a navegar. En aquel momento y agobiados por nuestra mala suerte, lo primero fue desesperar. Nos sentíamos solos y nos hubiera gustado que nos asistieran y ayudaran a reparar la avería, como hubiera sucedido en tierra firme. Por desgracia, aquel no era el caso. Había dos soluciones posibles: bien encontrábamos una solución al problema técnico, bien nos veríamos obligados a renunciar a la ruta programada. Seguir con la travesía que habíamos planeado sin poder desplegar la vela génova estaba fuera de toda discusión.

Uno de los tripulantes a bordo, todo un manitas, examinó el tambor del enrollador[15] y constató que los cuatro tornillos que aseguraban el tambor al carro de hoja de génova se habían partido. La única solución posible era *fabricar* nuevas roscas en el tambor y poner unos tornillos nuevos. Pero, claro está, para eso nos hacía falta, por un lado, un taladro eléctrico y, por otro, el equipo que permite perforar el tambor o, en otras palabras, hacer nuevos agujeros para los tornillos. A bordo, teníamos un taladro y un grupo electrógeno, pero nos faltaba un juego de machos y terrajas. Y encontrar uno en ese archipiélago no iba a ser tarea fácil... Para empezar, no sabíamos cómo se decía «terraja» en inglés. Por sorprendente que pueda parecer, por aquel entonces, no teníamos conexión a internet; después de todo, corría el año 2006... Sí, teníamos un diccionario marítimo bilingüe, pero no contenía el término «terraja». La situación se complicaba por momentos.

---

[15] Dispositivo mecánico (a veces motorizado) que permite enrollar y desenrollar una vela delantera alrededor de un cable llamado estay.

Anclados en la costa sur de la isla de Saint Agnes, tras haber intentado, en vano, encontrar los materiales que necesitábamos, aceptamos la invitación de un pescador que se ofreció a llevarnos en su barco de motor a la isla principal: Saint Mary's. Acordamos partir a la mañana siguiente. Los temores que albergábamos sobre nuestros escuetos conocimientos del inglés demostraron ser acertados. Fue extremadamente difícil encontrar a un mecánico y, sobre todo, explicarle lo que buscábamos. Pero, al final, lo conseguimos. El mecánico nos prestó los materiales que necesitábamos y nuestro compañero experto en roscado pudo efectuar la reparación del enrollador. Al final, pudimos reemprender la travesía.

Aunque este suceso no guarde relación alguna con las competiciones deportivas, da fe de las habilidades y la fortaleza de ánimo que nos invita a cultivar el mar. Como ya he explicado, en nuestro caso, solo había dos alternativas. Bien reparábamos la avería nosotros mismos sin ayuda de un mecánico —el mecánico de Saint Mary's se limitó a prestarnos las terrajas—, bien renunciábamos a nuestro periplo y llevábamos el velero de vuelta al puerto de origen en Francia. ¿Tendríamos que haber previsto ese tipo de avería y habernos provisto de un kit de roscado? Seguramente. Pero no lo hicimos. ¿Cuál fue la consecuencia? Pues que tuvimos que hacer frente a una situación no del todo imprevisible, pero sí accidental. Al obligarnos a responsabilizarnos de nuestra propia salvación, la navegación se convierte en un estilo de vida de lo más enriquecedor. Sin duda alguna, este es uno de los argumentos más potentes que llevan a muchos a hacerse a la mar. Pero ¿por qué una vida en alta mar resulta tan enriquecedora? Sencillamente, porque nos fuerza a idear soluciones a nuestros problemas. Al confrontarnos con situaciones que requieren tanta imaginación como perseverancia, la vida en alta mar nos pone en la tesitura de tener que *aprender a aprender*. Pero eso no es todo. Además, la lejanía de la costa nos enseña a cultivar el arte de la aceptación. El mar nos reta a adaptarnos a la realidad y a desarrollar una serie de destrezas, manuales y psicológicas, que nos ayudarán a alcanzar la tan ansiada serenidad, sin la cual no se puede disfrutar de la vida. Y por eso, me da por pensar que nunca estoy tan vivo como cuando salgo a navegar.

A muchos les sorprende la cita que dice: «Hay tres tipos de hombres: los vivos, los muertos y los que salen a navegar». ¿A qué viene la presencia amenazadora de la muerte? ¿Y por qué esta habría de ser más amenazadora en el mar? Se puede perder la vida de la manera más tonta, sin arriesgarse a perderla. No hace falta proponerse escalar el Nanga Parbat[16] para morir, un dominguero cualquiera nos puede atropellar al doblar una esquina. Anacarsis, a quien se le atribuye la cita que durante años se les atribuyó a Sócrates, a Platón o a Aristóteles, lo sabe bien. Anacarsis no nació ayer. Así que ¿qué quiere decir con esta cita? ¿Por qué los navegantes no son como el resto de los vivos? Se han bosquejado algunas respuestas... La primera es la falta de asistencia inmediata que se da en los entornos urbanos; hay que apañárselas y, encima, hay que apañárselas solos.

Así que, quizá, el filósofo no habla estrictamente de los navegantes, sino más bien del *estado de ánimo* de quienes se hacen a la mar. Quien abandona tierra firme sabe, mejor que nadie y sin lugar a duda, que hasta que no vuelva a tierra, tendrá que estar en el mar; en otras palabras, en un ambiente objetivamente hostil. Igual hay a quien le sorprende esta última palabra. Sobre todo, a aquellos

[16] Cumbre del Himalaya de 8126 metros de altura apodada «la montaña asesina».

y aquellas que, al pensar en el mar, se les viene a la mente una imagen de días radiantes en los que el viento y el sol se ponen de acuerdo y conjuran momentos de gracia; ojalá estos momentos duraran una eternidad. Vista así, la idea de una travesía por el mar no podría ser más bucólica. Pero, que nadie se confunda, el hombre no está hecho para vivir en el mar y este nos lo hace saber con hostilidad. ¿Todavía no los he convencido? Pues láncense al agua en mitad del golfo de Vizcaya. Si están en buena forma física, su esperanza de vida será de dos a tres horas, si el agua está a 15 °C; y entre una y dos horas máximo, si la temperatura del agua es de 10 °C.[17]

Anacarsis no pretende argüir que el hombre no esté ni vivo ni muerto; eso no tiene ningún sentido. Y, claro está, tampoco es su objetivo manifestar que, cuando nos movemos en un medio hostil, el riesgo de morir es mayor; eso es evidente. Así que, sin duda, con esta cita Anacarsis hace referencia a la disposición singular que caracteriza al marinero,

[17] Véase el informe sobre la supervivencia en aguas gélidas realizado por Transports Canada, <https://tc.canada.ca/fr/transport-maritime/securite-maritime/survie-eaux-froides-2003-tp-13822-f>.

es decir, a la persona que, por el mero hecho de vivir en el mar, es la más indicada para descubrir las verdades de la vida: su vulnerabilidad, su fragilidad, su valor…

Y precisamente por este motivo no debemos temer decirlo: vivir en el mar es vivir de forma filosófica. La filosofía se puede definir de diversas maneras, pero podemos afirmar sin miedo a equivocarnos que la filosofía toma como objeto la existencia humana en todas sus dimensiones.[18] Ahora bien, ¿en qué se diferencia el hombre del resto de los seres vivos sino en que se trata del único ser viviente que piensa su propia vida? En cuanto que «junco pensante»,[19] que decía Pascal, el hombre es consciente del tiempo en el que vive y posee también la certeza de que debe morir. Y, a sabiendas de esto, ¿cómo no arriesgarse a zambullirse en la angustia o la desesperanza? Esa quizá sea la principal cuestión de la filosofía. Eso sí, habida cuenta de los riesgos que comporta y de la hostilidad de esta

[18] Lo cual intenté demostrar en mi obra *L'homme inachevé* (París, Maïa, 2021).

[19] Blaise Pascal, *Pensées*, París, Seuil, 1963, fragmento 113, pág. 513. [Traducción al castellano: *Pensamientos*, Madrid, Punto de Vista, 2023].

«inmensidad acuosa» —expresión acuñada por el filósofo Hegel—[20] que constituyen mares y océanos, el marinero vive la vida en el mar de forma más intensa, pero más auténtica también. A fin de cuentas, la navegación en alta mar supone tomar conciencia de que, en realidad, vivir no es más que correr el riesgo de morir.

Y, como la muerte acecha a todo ser vivo, darse a la mar constituye (en sentido literal) una aventura. En latín, *adventura* se traduce como «lo que ha de llegar», en palabras de Cicerón: la fatalidad o el *fatum*. Como es bien sabido, vivir una aventura consiste en emprender una acción sin tener la certeza de poder acometer la finalidad que buscábamos a través de esa acción. Es fácil comprender por qué escalar el Everest es toda una aventura. Como no podemos prever todo lo que sucederá durante el ascenso, jamás podremos estar seguros (antes de emprender la escalada) de si llegaremos a la cima ni de si volveremos sanos y salvos al campamento base. Así, se entiende que salir a la aventura im-

[20] Georg Wilhelm Friedrich Hegel, *La Raison dans l'histoire*, París, 10/18, 1963, chap. IV, págs. 228-230. [Traducción al castellano: *La razón en la historia*, Madrid, Seminarios y Ediciones, 1972].

plica aceptar que lo que tenga que pasar pasará; incluso en aquellas ocasiones en que las cosas no salen como nos gustarían. La aventura, bien sea una aventura en alta mar o una amorosa, nunca será un río de aguas calmas.

Pero ¿a qué viene esta mención a una «aventura amorosa»? ¿Es acaso una metáfora para hablar de una empresa que no tiene forzosamente un mañana? ¿O una forma de distinguir entre una relación efímera, en mayor o menor medida destinada al agotamiento y condenada al fracaso, y una relación seria y perenne? A fin de cuentas, ¡una aventura amorosa nunca dura! ¿No? ¿O estamos confundiendo las cosas? Más allá de la oposición indiscutible (o no) de la aventura amorosa y del amor, ¿de verdad una aventura jamás podrá pasar de ser algo más que eso…, una aventura? ¿Alguna vez hemos visto que el amor se comparta de manera indefinida? ¿Que se pueda continuar amando a aquel o aquella a quien prometemos un amor eterno? El amor es un sentimiento, no un cálculo. ¿Acaso no tenemos, a veces, la mejor de las razones para no amar a quien amamos? ¿Y no es verdad también que, a menudo, disponemos de excelentes motivos para amar a quien ya no amamos? ¡No mandamos sobre el amor! Y por eso, amar constituye la más formidable de las aventuras: *darlo todo sin jamás estar seguro de estar haciendo bien.* Amar es comprometerse en cuerpo y alma, a sabiendas de que, quizá, todos nuestros esfuerzos serán en vano. Amar es una verdadera prueba de abnegación, pues siempre se corre el riesgo de ser rechazado. Dicho lisa y llanamente: amar es dar sin estar seguro de recibir nada a cambio.

A estas alturas, habrá quienes ya sepan que el amor es la escuela de la vida… y estarían en lo cierto. Pero también podrían temer que hubiéramos perdido el hilo de la argumentación… y estarían equivocados. Entender qué significa una aventura amorosa y que la aventura es una parte constitutiva del amor nos permite comprender por qué navegar supone una ocasión privilegiada para aprender a vivir. Hacerse a la mar —una forma de hablar, más que nada porque, en realidad, más bien dependemos del permiso de esta— siempre será aceptar el riesgo de encontrarse con lo peor y lo mejor de la vida, como todo buen marinero sabe.

El 18 de diciembre de 2008, a unos 1600 kilómetros de Australia, Yann Eliès, que había iniciado la Vendée Globe en su velero de 60 pies, Generali, navegaba por el océano Índico en segunda posición detrás de Michel Desjoyeaux. De buena mañana, y tras un mes de navegación, el destino quiso ponerlo a prueba y Eliès se vio en la tesitura de tener que reparar una avería en la proa[21] del barco. El viento soplaba con fuerza y el velero navegaba a gran velocidad: a 2,5 nudos. Así pues, el marinero se enfundó el arnés de seguridad, se colocó a horcajadas sobre el botalón[22] y se enganchó al barboquejo[23] con la pierna izquierda. Avanzaba a buen ritmo por el palo[24] cuando, de repente, el velero cogió velocidad y empezó a surfear una ola.[25] Eliès levantó la vista: una monstruosa montaña líquida lo esperaba al final del tobogán. El marinero se agarró con todas sus fuerzas a las dos barras de carbono del botalón y, casi por instinto, cerró los ojos. Después, llegó la explosión y un gran agujero negro…

[21] Parte delantera de un navío.

[22] Pieza larga de madera o de metal, fija o retractable, que apunta a la proa desde el eje del barco para aparejar las velas delanteras.

[23] Cable o cadena que mantiene el botalón en el eje del barco por la proa.

[24] En un navío, una pieza larga de madera, de metal o de otro material.

[25] Fenómeno de aceleración en la cresta de una ola.

Lo primero que vio fue el cielo. Eliès estaba suspendido por un lado del velero, colgando del arnés de seguridad. Entonces se percató, con horror, de que una de las piernas presentaba un ángulo pronunciado hacia fuera. Supo de inmediato que estaba rota. Pese a sufrir un dolor insoportable, mediante un esfuerzo sobrehumano, el marinero logró alzarse hasta la cubierta del barco y consiguió accionar la baliza de emergencia, pero fue incapaz de llegar al botiquín de primeros auxilios y a las provisiones para poder alimentarse.

Al no poder acceder a los analgésicos a bordo, Eliès tuvo que soportar un dolor extremo durante unas setenta y dos horas. Marc Guillemot, otro de los participantes de la Vendée Globe, se desvió del recorrido para tratar de socorrerlo, pero fue incapaz de hacerlo en solitario. La fragata australiana que fue enviada al lugar del accidente tardó tres días en llegar y llevar al marinero francés a Australia. El diagnóstico emitido por los médicos del hospital Royal Perth el 22 de diciembre no dejaba lugar a duda: Eliès tenía el fémur partido y cuatro vértebras rotas. A principios de enero fue repatriado a Francia, donde tuvo que someterse a un largo proceso de rehabilitación. Sin embargo, en noviembre de 2016, Eliès volvió a participar en la Vendée Globe.

El navegante lo explica en la obra que le dedicó a su «aventura»: «Esa ola traicionera [la que hizo que el velero volcara] no solo me pareció imprevisible, también incongruente, en un mar de aguas planas».[26] El accidente que por poco le quita la vida fue producto de un fenómeno estadísticamente poco probable: una ola de gran tamaño en un mar en calma.

Ya lo hemos comentado, los filósofos se refieren a estos hechos como *contingencias*. Un fenómeno es contingente cuando existen las mismas probabilidades de que se produzca como de que no se produzca. Aunque las probabilidades sean escasas, quien se echa a navegar corre el riesgo de encontrarse con una de estas olas traicioneras, también llamadas olas gigantes. Solo hay una manera de eliminar el riesgo de encontrarse con una de estas olas: dejar de navegar. Del mismo modo que para evitar el riesgo de encontrarnos con uno de esos pequeños icebergs indetectables (*growlers*), bastaría con no surcar las aguas de los mares australes. Igual que podemos dejar de conducir si queremos eliminar por completo el riesgo de sufrir un acci-

[26] Yann Éliès, *Survivant des mers du Sud*, París, Mer & Découverte, 2009, pág. 24.

dente al volante. Y dejar de andar si no queremos correr el riesgo de caernos... Pero ¿quién haría algo así? ¿Quién quiere dejar de conducir? ¿Quién quiere dejar de vivir? El accidente sufrido por Eliès (como un huracán cuya trayectoria no podemos evitar) nos recuerda que el mar es un medio donde solo se puede contar con uno mismo y donde nunca tendremos la certeza de poder vencer todos los obstáculos que se nos pongan por delante. Pero, ante todo, nos recuerda que, si la vida en alta mar es la escuela de la aventura, entonces la aventura, en sí misma, define la vida.

II

La vida en el mar: cuestión de *kairós*

Ha quedado establecido que la vida en el mar, ante todo, es un compromiso con un futuro que no está escrito ni decidido. Y en eso consiste toda aventura: en abrirse al mayor abanico de posibilidades que se pueda imaginar. ¿Nos haríamos a la mar si no tuviéramos que adaptarnos a condiciones, a veces, imprevistas? ¿Soltaríamos amarras si no albergáramos la secreta esperanza de vivir momentos inolvidables gracias a estos imprevistos? Por increíble que parezca, fue a 200 millas de toda costa donde coincidí con aves terrestres extraviadas que encontraron alivio en el refugio de mi velero. Pequeñas criaturas llenas de vida, hambrientas quizá, y a las que traté de insuflar fuerzas renovadas. En el solitario día a día de un marinero, este tipo de encuentros, raros, son de lo más emotivos. Es más, se convierten en recuerdos imborrables. Aunque, qué duda cabe, lo desconocido no siempre se presenta en envoltorios tan agradables. Averías de todo tipo, problemas de salud, accidentes…, cualquiera de estos sucesos puede conmocionar la vida a bordo y obligarnos a modificar nuestros planes e, incluso, nuestra ruta.

En momentos como esos, tan estresantes y agotadores, lo primero que se le pasa por la cabeza a todo marinero es si debía haberse quedado en tierra; no debería sorprendernos. Al principio, es normal que nos veamos desbordados por el miedo a no saber enfrentar las dificultades que se presentan. A veces, este miedo resulta en abatimiento. Otras, en cólera. ¿Por qué me tenía que pasar esto *a mí*? No son las reacciones más oportunas, pero sí las más naturales. No hay por qué censurarlas, pero sí debemos procurar comprenderlas y tomarlas por lo que son. No obstante, tras el desánimo inicial, siempre se impone la realidad que nos obliga a reflexionar y a actuar, y a hacerlo con rapidez. Agotado el tiempo para compadecerse, toca pasar a la acción y tomar decisiones inteligentes. Lo primordial es mantener la capacidad de considerar con objetividad aquello que nos acaece y analizarse a uno mismo para elaborar un plan de batalla eficaz. A fin de cuentas, la capacidad de reaccionar acertadamente ante una situación y hacerlo en el momento indicado constituye la tabla de salvación de todo marinero. La historia de uno de los rescates más famosos en una regata transoceánica en solitario me servirá para ilustrar este argumento.

Loïck Peyron, un marinero de Nantes, solo tenía 29 años cuando se hizo a la mar para participar en la primera edición de la Vendée Globe, que tuvo lugar en 1989. A bordo de su Lada Poch III, Peyron zarpó en su vuelta al mundo en solitario, sin escalas ni asistencia. Trece navíos zarparon el 26 de noviembre de 1989, pero solo siete cruzaron la meta.

El lunes 28 de diciembre de 1989, Peyron recibió un mensaje urgente de los organizadores de la regata: el timonel debía desviarse de la ruta para ir a socorrer a uno de sus competidores. El día anterior, Philippe Poupon, por aquel entonces segundo en la clasificación general, había atravesado una tormenta en los mares del Sur, su velero había volcado y se había visto obligado a accionar la baliza de emergencia. Como era el competidor más cercano al lugar del accidente, previa petición de los organizadores, Peyron cambió el rumbo del velero y recorrió el océano Índico en busca del marinero en apuros; el barco había zozobrado cerca de la zona de los Rugientes Cuarenta. En veinticuatro horas, alcanzó a Poupon y, al llegar, vio una escena del todo improbable: el barco monocasco,[27] Fleury-Michon, estaba tumbado de lado a noventa grados.

Merece la pena recordar que el barco de Poupon llevaba en la misma posición desde hacía más de veinticuatro horas, es decir: en horizontal; ni las olas habían podido devolverlo a la verticalidad. Al encontrarse con una situación tan sorprendente, Peyron recogió una amarra que había lanzado el náufrago y trató de llevar a cabo la primera maniobra: utilizar la tracción ejercida por la amarra para pivotar el velero y volver a colocarlo en el eje del viento.

Por desgracia, la maniobra no surtió efecto y no lograron enderezar el monocasco. Tras un breve intercambio de mensajes entre los dos timoneles por VHF,[28] Poupon decidió cortar los obenques de la mesana[29] para tratar de alterar el equilibrio

[27] Barco de un solo casco, a diferencia de los barcos multicasco.

[28] Del inglés: *very high frequencies*. Aparato radiofónico que permite la comunicación con otro navío o con tierra firme, a condición de que ambos no estén muy alejados.

[29] El mástil más pequeño de un velero, que se encuentra detrás del palo mayor.

del navío. Esta vez la maniobra funcionó y Peyron consiguió enderezar el velero. Los vítores de felicidad resonaron a lo largo y ancho del mar. «¡Lolo, te lo recompensaré!», gritó Poupon a su salvador. Como el reglamento de la regata no contempla el derecho a asistencia, Poupon se vio obligado a abandonar la competición y dirigirse a Ciudad del Cabo, en Sudáfrica, con el velamen incompleto. Peyron, en cambio, retomó la competición y terminó en segundo lugar.

Este rescate dejó huella y su recuerdo permanecerá en los anales de la navegación durante el resto de la historia. Entre otras cosas, porque fue un rescate que pudo ser grabado. Pero no solo por eso… Hay algo ejemplar y admirable en esta proeza. Algunos evocan la generosidad de Peyron al aceptar, sin reproches, dejar a un lado la competición para desviarse hasta la posición de Poupon. Otros, su capacidad —y, en cierta medida, también la de Poupon— para pensar rápidamente en una manera de desbloquear la situación. El mar estaba picado y los marineros exhaustos: su reacción fue toda una demostración de inteligencia y de conveniencia. Los lectores que hayan tenido ocasión de ver el vídeo grabado por el timonel del Lada Poch III, sin duda, se verían sorprendidos por la maniobra iniciada por el navegante nantés: una idea sencilla a la par que oportuna. Peyron coloca su velero a favor del viento.[30] Entonces, recoge una amarra del barco naufragado y la usa para mover el *winch*[31] a babor[32] antes de trasluchar[33] para así intentar pivotar a babor el velero zozobrado. Es una maniobra que se aprende a hacer en velas ligeras de sesenta kilos, pero Peyron lo practica con un barco de más de ocho toneladas: una hazaña que, sobre todo en mitad del océano Índico, es digna de admiración. El marinero de Nantes buscó, y encontró, una solución adaptada a un problema, cuando menos, sumamente improbable.

Una vez más, los griegos tienen una palabra que hace referencia a esta virtud que poseen aque-

---

[30] Un velero navega a favor del viento cuando el viento viene por detrás.

[31] También llamado cabestrante. Equipo fijo ubicado en la cubierta de un velero que permite incrementar la tracción ejercida por la tripulación sobre el cordaje (escota, driza, brazo de *spinnaker*) utilizado para modificar la superficie y el ajuste del velamen.

[32] Lado izquierdo de un navío al mirar hacia la proa (la parte delantera).

[33] Cambiar de bordo con el viento por la popa.

llos capaces de actuar de improviso de la manera más apropiada, *kairós*: el momento preciso para la acción que no se debe desaprovechar si se quiere actuar con eficacia, es decir, ni demasiado pronto ni demasiado tarde. Esta capacidad de aprovechar el momento más oportuno y determinar la acción adecuada para cada situación es la esencia de todo buen estratega y jefe de guerra. Pero también sirve para definir el talento del político y, en rasgos generales, la virtud del hombre de acción: aquel que sabe lo que hay que hacer y cuándo hay que hacerlo. Así pues, se puede decir de tal o cual general que tiene «buen *kairós*» o, si carece de esta capacidad de actuar acertadamente y en el momento oportuno, que tiene «mal *kairós*».

Sin duda alguna, todo buen marinero, al estar en contacto con un medio evolutivo y cambiante (la fuerza y la dirección del viento, el estado del mar, entre otros), debe ser capaz de actuar en el momento oportuno; en otras palabras, debe tener «buen *kairós*».

El autor de estas líneas todavía recuerda una calurosa jornada estival que pasó costeando[34] en el sur de Bretaña. Aquella mañana, le propuse a mi tripu-

---

[34] Navegar bordeando la costa y haciendo escalas.

lación que fuéramos a fondear[35] a una ensenada en la isla de Hœdic. Sobre el mediodía, arribamos a la isla y empezamos a preparar la comida. A eso de las dos de la tarde, nos dimos cuenta de que el cielo comenzaba a oscurecerse y el aire se volvía cada vez más pesado. Pero, claro…, era la hora del café y la siesta. ¿Debía postergar nuestra partida para satisfacer a mi tripulación? Quizá en otra ocasión. Sin embargo, aquella vez no lo hice. No me gustaba nada la pinta de esa tormenta que se avecinaba, así que —para sorpresa de mi tripulación— les pedí, en primer lugar, que guardaran la vajilla y todos los objetos que pudieran caerse en caso de escora[36] y, en segundo lugar, ponerse los trajes impermeables y prepararse para recoger el anclaje y así poder zarpar e irnos a un lugar seguro. Oí a dos o tres compañeros murmurar. No parecían entender que ya tendrían ocasión de tomarse el cafecito después.

Así pues, izamos la vela mayor[37] y confié el timón a un miembro de la tripulación. Tres minutos

[35] Echar anclas.

[36] Inclinación transversal de un navío.

[37] Vela principal de un velero de un solo mástil o la vela más grande correspondiente al mástil más grande en un velero con varios mástiles.

después, un impacto sumamente violento y ruidoso hizo temblar el barco. Tardé unos segundos en comprender qué había sucedido. Acabábamos de trasluchar; estábamos a punto de navegar en popa.[38] La botavara,[39] que sostiene la vela mayor, se había movido violentamente de un costado a otro del velero. Así que me dirigí al timonel del barco y le pedí que nos alejara un poco del rumbo de popa para, así, poder evitar una segunda trasluchada que pudiera herir, de mayor o menor gravedad, a un miembro de la tripulación cuya cabeza se encontrara justo en la línea de acción de la botavara; el compañero me aseguró que pondría especial cuidado. Dos minutos después: otra trasluchada descontrolada, aún más violenta que la primera. Me giro de nuevo hacia el timonel con cara de malas pulgas, pero me asegura que ha mantenido el control de su cabo en todo momento. Entonces, ¿qué estaba pasando? Me costó entender cuál era el problema. Y, de repente, comprendí qué estaba fallando. Debido a la tormenta, el viento se había

[38] Parte trasera de un navío.

[39] Mástil horizontal donde se fija el pujamen de una vela. Pujamen: uno de los tres costados de una vela triangular; aquel que es comparable a la base de un triángulo.

descontrolado: soplaba en ráfagas violentas que podían venir de cualquier lado. Decidí entonces reducir al máximo la superficie de la mayor para limitar los choques en caso de una nueva trasluchada. Pese a la borrasca y las violentas ráfagas de viento, esa tarde pudimos echar anclas en Port-Haliguen sin mayor dificultad y, por fin, tras un largo día, degustar un merecido aperitivo.

Pienso mucho en ese incidente. Hice bien en zarpar del fondeadero antes de la hora prevista. Con ráfagas de viento tan fuertes, uno nunca sabe si el ancla aguantará. En cambio, considero que fui tremendamente ingenuo y un poco imprudente por no haber enrollado el velamen mucho antes. Los trasluches que se sucedieron aquel día tuvieron, por lo menos, una causa identificable: aquel día tuve un *kairós*... mejorable, se podría decir.

De hecho, si un incidente que ocurre cerca de la costa siempre puede ser desafortunado, la navegación en alta mar —que ofrece el placer singular de verse obligado a vivir de forma autónoma— también tiene sus propias sorpresas, más o menos agradables, pero que siempre gozan de singularidad, aunque solo sea por la lejanía de toda costa. Por esta razón, no tendría sentido, por ejemplo, hacerse a la mar sin haber mirado antes las previsiones meteorológicas. A este respecto, podríamos aseverar que la capacidad de actuar con rapidez y, a veces incluso, con urgencia fomenta la habilidad de reflexionar pacientemente antes de hacerse a la mar. A fin de cuentas, es el cuidado que ponemos en imaginar todas las situaciones posibles que podrían desencadenarse, incluidas las más catastróficas, lo que nos ayudará a encontrar la solución más rápida y efectiva para salir adelante en cualquier situación. Por todas estas razones, la navegación en alta mar es una de las mejores *escuelas de la acción*.

Para entender esto último, hace falta recordar en qué consiste esa *acción*. Espontaneidad aparte, toda acción requiere de una intención. De esta especificidad de la acción, se sobreentiende que cuando hablamos de un «acto reflejo» estamos haciendo un uso indebido del lenguaje. Al fin y al cabo, cuando se efectúa una acción como resultado de un acto reflejo, en realidad —y en el sentido más estricto de la palabra— no estamos *actuando*. Pero eso no es todo. La segunda especificidad de la acción es que implica una cierta deliberación. Primero se cultiva la intención y después se reflexiona sobre cómo se podría llevar a cabo. Dicho de otra manera: toda acción se basa en una decisión previa. Es más, las decisiones que no se meditan correctamente, a menudo, terminan siendo malas decisiones; aunque solo sea porque atentan contra nuestros intereses. No es tan difícil de entender. Habida cuenta de que es forzosamente imposible actuar con la certeza de estar tomando la decisión más adecuada para cada situación, es igual de difícil tomar una buena decisión cuando no se ha considerado adecuadamente el conjunto de hechos del problema que nuestra acción tiene por objeto resolver.

Se preguntarán ustedes: ¿por qué es imposible saber con certeza si la acción que nos disponemos a emprender es la mejor según las circunstancias? La respuesta es de lo más sencilla: la decisión de actuar depende de un razonamiento inductivo. Si en una experiencia concreta constatamos que al llevar a cabo una acción A, provocamos un efecto B, cuanto más repitamos esta experiencia, mayor será la probabilidad de que pasemos a considerar que A es la causa de B. Sin embargo, se entiende que, por alta que sea la probabilidad, nunca llegará a ser una certeza. Es evidente que, por mucho que la causa A siempre haya derivado en el efecto B, en un futuro no es imposible que A no produzca B. Dicho de otra forma: no es *seguro* que A sea la causa de B. Como *nunca* vamos a estar seguros de estar tomando la decisión más apropiada, es especialmente importante recabar toda la información posible referente a las condiciones en las que nos veremos obligados a completar dicha acción y, sobre todo, no precipitarnos al actuar. Llegados a este punto, hay quien señalaría que, a menudo, nos vemos obligados a actuar con urgencia. El rescate de Philippe Poupon es buena muestra de ello; en aquella circunstancia, había que actuar sin demora. Pero, bien pensado, no es que *a veces* haya que actuar con urgencia, sino que toda acción se efectúa *siempre* de manera urgente. En otras palabras, siempre que efectuamos una acción lo hacemos pese a no saber con certeza si hemos tomado la decisión correcta. De hecho, Descartes desarrolló una reputada moral en torno a esta idea.

En su *Discurso del método*, publicado en francés en 1637, el filósofo francés se propone definir con propiedad las reglas que permiten vivir con sabiduría. En la tercera parte de su *Discurso*, la consagrada a la moral, escribe Descartes:

Mi segunda máxima consistía en ser lo más firme y lo más decidido que pudiera en mis acciones, y en seguir con no menos firmeza las opiniones más dudosas, una vez determinado a ello, que si hubieran sido muy seguras. Imitaba en esto a los viajeros que, extraviados en algún bosque, no deben vagar dando vueltas, de un lado a otro, ni mucho menos detenerse en un lugar, sino caminar siempre lo más directamente que puedan hacia el mismo punto, sin sustituirlo por razones nimias, aunque en un principio tal vez haya sido el azar solamente lo que les ha determinado a elegirlo; pues, de este modo, si no llegan precisamente allí donde desean, acabarán llegando al menos a algún lugar en el que probablemente estarán mejor que en medio del bosque.[40]

Esta es la respuesta de Descartes a la siguiente pregunta: ¿cómo ha uno de comportarse cuando debe actuar sin dilación y carece de tiempo para asegurarse de la idoneidad de su decisión? Como demuestra el ejemplo del viajero perdido en el bosque, sería inútil dejar de caminar y permanecer inmóvil en el mismo sitio con el pretexto de estar perdido. Así estaríamos condenados a fenecer.

[40] René Descartes, *Discours de la méthode* en *Œuvres complètes*, París, Gallimard, col. «Pléiade», 1953, pág. 142. [Traducción al castellano: *Discurso del método*, trad. Eduardo Bello Reguera, Madrid, Tecnos, 1987, págs. 33-34].

Del mismo modo, sería del todo ilógico echar a caminar y cambiar constantemente el rumbo. Nos arriesgaríamos a caminar en círculos sin encontrar nunca la salida. Entonces, ¿qué debemos hacer? Elegir una dirección y caminar en línea recta, responde Descartes. Es decir, frente a un problema que requiere solución, no solo ha uno de optar por la acción, sino, además, no ceder a la inconstancia a la que podríamos vernos abocados ante la duda y la inquietud. Quizá no lleguemos a donde queremos ir, pero, por lo menos, saldremos del bosque. Dicho de otra manera: al saber dónde estamos, podremos determinar que no hemos cogido la dirección adecuada y así podremos retomar el camino correcto para llegar a buen puerto.

La lección del filósofo es cristalina: igual que podemos perdernos en un bosque o en el mar, con frecuencia también puede suceder que no sepamos cómo solucionar un problema. Pero en tal caso, no debemos sucumbir a la locura o al pánico. Siempre podemos encontrar una excelente razón para actuar de una u otra manera, incluso cuando no estamos seguros de haber tomado la mejor decisión. Sin embargo, quien no hace nada —no toma decisión alguna— puede tener por seguro que no va a encontrar solución a su problema. Volviendo a la cuestión que nos ocupa, ¿por qué toda decisión es urgente? ¿Será que nunca sobra tiempo para la reflexión? En absoluto. La urgencia de toda acción se explica, como ya hemos señalado, por el hecho de que nunca podemos estar totalmente seguros de que las soluciones de ayer serán las mismas que las de mañana. Y eso suele significar que, buena parte de las veces, nos vemos totalmente desbordados por las cosas que nos pasan. En esos casos, ¿resulta absurdo tomar una decisión al azar como lo hace el viajero perdido? De ninguna manera. Siempre que caminemos con confianza hacia un rumbo fijo, aunque no sepamos adónde vamos, acabaremos por «salir del bosque». Esto último no se debe confundir con que no haya buenos motivos para actuar. Si nos tomamos el tiempo para reflexionar, si pedimos consejo y si nos basamos en nuestra propia experiencia, tendremos muchas más probabilidades de actuar de forma apropiada. A pesar de eso, el carácter inductivo del razonamiento que conduce a la toma de decisiones y fundamenta la acción nos impide tener certeza alguna…, salvo la certeza de no tener ninguna.

Esta digresión cartesiana nos ayuda a comprender cómo el arte de la navegación bebe del *kairós* de los griegos. La facultad de elegir el momento más adecuado para actuar y la capacidad de identificarnos con nuestro entorno hasta el punto de ser uno y lo mismo requiere valentía para tomar decisiones en un entorno que evoluciona sin cesar de forma más o menos imprevisible. Cuando un navegante toma una decisión en alta mar, como por ejemplo cambiar de rumbo para escapar de un temporal o, al contrario, dirigirse a una zona de tormenta en plena regata, es imposible que sepa si esa decisión le será «rentable». Ya se sabe que los sistemas de bajas presiones, a veces, se comportan de manera inesperada. Pero precisamente porque la contingencia nos impide actuar con total seguridad, debemos asegurarnos de conservar (según Descartes) la facultad de tomar decisiones con convicción. Pero, claro, ¿acaso no son las dudas que podamos albergar en este tipo de situaciones las que suscitan inquietud y nerviosismo? ¿Y no deberíamos, por ello, cuidar nuestra lucidez, no dejarnos invadir por las emociones y decidir con serenidad cuándo conviene actuar y, en concreto, qué conviene hacer?

Ya hemos establecido que el buen *kairós* conlleva poseer un ramillete de aptitudes tanto intelectuales como técnicas, pero, en definitiva, todas ellas psicológicas, porque contribuyen a actuar acertadamente. Ejemplo de ello es la habilidad de no dejarse cegar por la emoción que suscita el miedo. O la habilidad de resolver actuar y no dejarse amedrentar por la ignorancia o la duda. O también la habilidad de tomar la decisión acertada con diligencia.

Esto me ha recordado una travesía alrededor de la isla de Wight desde la ciudad de Cherburgo. Por aquel entonces era profesor en una escuela de vela y se me ocurrió organizar una excursión: «Una pinta en Cowes». Saldríamos el sábado a primera hora de la mañana, nos tomaríamos una buena cerveza en un *pub* y emprenderíamos el regreso a Cherburgo ya entrada la noche, para llegar en las últimas horas de la mañana. Unas sesenta millas separan Cowes de Cherburgo. En un velero de once metros y con viento medio, debíamos tardar entre doce y quince horas en ir y volver. Las predicciones meteorológicas eran aparentemente buenas, así que programé la salida a las cinco de la madrugada. La ida fue estupenda. Llegamos a Cowes sobre las cinco, salimos del *pub* sobre las ocho, y zarpamos de la isla de Wight con un viento manejable; las previsiones meteorológicas anunciaban lluvia a altas horas de la noche.

El domingo, a eso de las nueve de la mañana, el cielo se tornó gris y plomizo; el viento, moderado, soplaba del oeste. Al poco empezó a llover. En aquel momento, navegábamos con la vela mayor completamente desenrollada. El viento empezaba a intensificarse, así que reduje la superficie de la génova en un tercio. Al mirar el cielo, constaté que empezaba a oscurecerse considerablemente por el oeste. Me pregunté entonces si debería dejar desplegada toda la vela mayor; dudé. Y esperé. Pocos minutos después, todavía dudoso, fui testigo de cómo se intensificaba el viento, redoblaba la lluvia y se blanqueaba la superficie del agua sin dejar lugar a duda. El cielo pesado se acercaba a toda velocidad y entonces comprendí que se nos venía encima una buena borrasca[41] acompañada de ráfagas de viento bastante violentas. El problema era que no podíamos saber si serían de 25, 30 o 40 nudos. Decidí que lo mejor sería reducir la superficie de la vela mayor. Le pedí a los tripulantes en cubierta que se prepararan para tomar el primer rizo[42] y estos enseguida se pusieron manos a la obra. Cuando el tripulante encargado de bajar la vela para aferrar

[41] Fenómeno meteorológico de unos minutos de duración por el cual la velocidad del viento se acrecienta de forma repentina y cambia de dirección bruscamente.

[42] Parte de la vela que se puede replegar o arriar para reducir su superficie.

el ollao de rizo[43] al pinzote de botavara[44] amolló[45] la driza[46] de la vela mayor, le espeté: «¡Déjalo, toma el segundo rizo!». Sorprendido, respondió:

«¿El segundo rizo? ¡Si ni siquiera hemos tomado el primero!».

«¡El segundo, por favor!».

Una vez completada la maniobra, parecía que estábamos retomando la velocidad cuando, de pronto, el viento se intensificó bruscamente. Miré el anemómetro: 38 nudos. El barco aceleró y se escoró con violencia. Enrollamos la vela mayor otro poco. Al final, todo acabó bien. Aquella noche le pregunté a la tripulación qué pensaría que hubiera pasado si solo hubiéramos tomado el primer rizo. En el mejor de los casos, el barco hubiera escorado de forma mucho más violenta. Pero tampoco se podía descartar un accidente técnico —un desgarro de la vela— ni alguna caída de un miembro de

---

[43] Ojete cosido en una vela que permite mantenerla baja cuando se reduce su superficie.

[44] Herraje articulado que conecta el mástil y la botavara de un velero y así permite que este se oriente vertical y horizontalmente.

[45] Dejar que se deslice la jarcia.

[46] Cabo con que se izan las velas.

la tripulación como consecuencia de la escora del velero.

Llegados a este punto, se podría considerar que esta capacidad de prever lo que resulta altamente improbable no es otra cosa que lo que se llama «sexto sentido de marinero», una suerte de «intuición» que nos permite evitar las malas decisiones. Pero este argumento no invalida la manera en que los griegos entendieron el problema que constituye la necesidad de actuar en un mundo donde no todo nos viene determinado de antemano, un mundo donde el azar y la fatalidad nos impiden estar seguros de estar actuando como debiéramos. ¿Por qué el mar es la escuela de acción por excelencia? No porque estando en el mar corramos más riesgo de equivocarnos que estando en tierra, sino, sencillamente, porque lejos de la costa no podemos contar con los demás para que nos solucionen los problemas. La soledad del marinero, que lo lleva a vivir de forma autónoma y responsable de sus propias circunstancias, redobla la dificultad de la acción. Sobre todo, habida cuenta de que la imposibilidad de recibir ayuda en el caso de haber tomado una mala decisión acrecienta la aprensión que todos sufrimos cuando, a punto de actuar, tememos cometer errores.

III

Entre la prudencia y el riesgo:
la enseñanza de Ulises

Retrocedamos unos años hasta el 17 de diciembre del 2000. Nueve días antes, Yves Parlier había soltado amarras en Les Sables-d'Olonne y se había lanzado a la caza de Michel Desjoyeaux y de la victoria en la Vendée Globe. Por desgracia, unos días después, cuando trataba de arreglar el piloto automático del velero, sufrió una trasluchada, y el mástil de carbono se rompió a doce metros de altura. Tras un breve momento de asombro y desesperanza —el mástil se había partido en tres partes— el navegante rechazó recibir asistencia y decidió continuar en la regata. Tras izar la trinquetilla[47] en el muñón del mástil que quedaba, se propuso entonces repararlo. Y para emprender dicha tarea, antes debía en-

---

[47] Vela triangular de poca superficie que se iza por la parte delantera del velero, muy cerca del mástil.

contrar refugio. El estudio de los mapas lo convenció de dirigirse hacia el sur de Nueva Zelanda para fondear en una ensenada protegida de las adversidades climáticas en la parte meridional de la isla de Stewart. Parlier echó anclas el 7 de enero de 2001; había calculado que la escala sería de cinco días.

Su plan era pegar la parte alta y la parte baja del mástil, y usar el fragmento del medio como una suerte de abrazadera que estabilizara la estructura. Ahora bien, para asegurar la eficacia de la abrazadera, antes tenía que fabricar un horno lo suficientemente grande para que cupiera y lo suficientemente potente como para que la estratificación[48] polimerizase.[49] Con unos paneles isotérmicos —que forró con mantas de superviencia— y cinco bombillas de 25 vatios consiguió alcanzar la temperatura de un horno y así elevar el mástil hasta los 18 metros. Al fin, el 17 de enero se reincorporó a la regata. No obstante, como la avería lo había demorado varios días, tuvo que racionar la comida y alimentarse de algas para no morir de hambre. El 16 de marzo de 2001, arribó a Les Sables-d'Olonne convertido en un héroe. Semejante proeza no solo

[48] Impresión de resina.

[49] Endurecer.

fue objeto de admiración de los navegantes que, a partir de su testimonio, seguro podrían imaginar (con mayor o menor nitidez) las penurias que pasó y las dificultades que superó para terminar esta regata que se podría calificar como legendaria. También asombró a los «habitantes de tierra» que no sabían de barcos ni del mar.

Tanto en el mar como en su libro *Robinson des mers*,[50] donde narra la hazaña, Parlier demuestra su obstinación tras la grave avería marítima del 17 de diciembre a su regreso a Les Sables-d'Olonne. No ceder, negarse a abandonar, perseverar pese a todos los obstáculos: esa fue la actitud que le permitió sobrevivir. Pero hay que decirlo claramente: no es su obstinación la que merece admiración, sino más bien la confianza tras la obstinación, que lo hizo llegar más lejos de lo que ninguno de nosotros hubiéramos imaginado. Lo inalcanzable que nos parece su hazaña es lo que más admiración nos suscita.

La determinación de Parlier no está del todo desligada de la independencia que demuestra al rechazar toda asistencia pese a la grave avería sufrida. Si Parlier hubiera aceptado ayuda, habría sido descalificado. Al vernos en mitad del océano Ín-

---

[50] Yves Parlier, *Robinson des mers*, París, Robert Laffont, 2001.

dico, muchos de nosotros hubiéramos entrado en pánico o, por lo menos, hubiéramos tirado la toalla y dejado la regata. Sin embargo, el navegante originario de Arcachón no hizo nada de eso. Al contrario, Parlier enseguida comprendió que a bordo de ese velero a medio gas no iba a conseguir llegar a Les Sables-d'Olonne antes de agotar sus reservas de alimentos.

Llegados a este punto, conviene recordar el aprieto en que se encontraba el navegante. Solo, en un barco mutilado y con víveres limitados estaba condenado al abandono si no encontraba la forma de aumentar la superficie de la vela. Pero solo había una solución posible para ese problema: reconstruir el mástil partido hasta los doce metros de altura. El desafío técnico era colosal. Sin embargo, Parlier lo logró a fuerza de perseverancia e inteligencia. La inteligencia lo llevó a idear una abrazadera para sujetar las diversas partes del mástil partido. Y fue entonces cuando comprendió que la abrazadera no funcionaría si antes no sellaba las diversas partes del mástil con calor. Para ello, tendría que imaginar un dispositivo comparable al comúnmente conocido como «horno», y todo ello ¡sobre un Imoca! Y es precisamente su capacidad para adaptarse a los imprevistos, con los medios a bordo, la que concita toda nuestra admiración. No solo por el derroche de ingenio que le permitió llevar a cabo la polimerización de las dos partes del mástil, sino también por el alarde de inteligencia con el que el competidor adaptó su régimen alimentario a la situación imprevista que tuvo que asumir para permanecer en la regata.

Pero, claro, ¿acaso no es esta admiración equivalente a la que suscitan los héroes cuando, por su valentía o su inteligencia —véanse los héroes homéricos—, diseñan un ideal inaccesible que nos ayuda a identificar nuestras debilidades e imperfecciones?

¿De verdad es tan sorprendente que el más célebre de los héroes griegos sea un marinero? Como bien es sabido, en la *Odisea* de Homero, el poeta relata el viaje de Ulises, que, tras la guerra de Troya, tarda diez años en regresar a su Ítaca natal. Pero si se busca comprender por qué Ulises está considerado un héroe, sin duda, conviene volver al texto de la *Odisea* y a su florilegio de imágenes poéticas. Si el amanecer tenía «dedos de rosa», Ulises es descrito en innumerables ocasiones como «el hombre de las mil astucias», en otras palabras, el poseedor de esa singular virtud que los griegos llaman *metis*.

En la mitología griega, Metis es la hija de los titánides Océano y Tetis. Encarna la astucia y la capacidad de prever qué va a suceder en el futuro; en otras palabras, es la personificación de la prudencia. Ulises hace gala de su excepcional inteligencia y astucia en el canto IX de la *Odisea* cuando logra escapar de la isla de los lotófagos, tras haber sido capturado por un cíclope, Polifemo, hijo de Poseidón,[51] que ya ha devorado a varios de sus compañeros. Ulises debe encontrar la manera de salir de una gruta cuya salida está taponada por una roca enorme que ningún hombre puede mover. Es entonces cuando se le ocurre emborrachar al cíclope y hacerle creer que, en lugar de Ulises, su nombre es «Nadie». Mientras tanto, les pide a sus compañeros de prisión que tallen una estaca puntiaguda y que la calienten en el fuego que el cíclope había encendido en mitad de la cueva.

Cuando Polifemo se queda dormido por efecto del alcohol, los compañeros de Ulises le clavan la estaca en el ojo a Polifemo. Este se despierta y brama hasta hacer que tiemblen las paredes de la gruta; Polifemo se arranca la estaca ensangrentada del ojo y llama a gritos al resto de los cíclopes, que,

[51] Dios griego de los mares.

nada más llegar, le preguntan a qué viene tanto grito. Polifemo explica que «Nadie» quiere hacerle daño. «¡Pues entonces déjanos dormir en paz!», espetan los demás antes de irse. Borracho de ira, Polifemo empuja la piedra que obstruye la entrada de la caverna con la esperanza de atrapar a los infelices que trataran de huir. Entonces, Ulises tuvo una nueva idea. Como los carneros que estaban encerrados en la cueva tenían una lana muy tupida, se le ocurrió juntar a los carneros de tres en tres y esconder a sus hombres entre medias. Ulises y sus compañeros esperaron a que amaneciera. A la mañana siguiente, el cíclope dejó salir a los carneros sin percatarse del engaño. Y así fue como «el hombre de las mil astucias» logró escapar del cautiverio del cíclope.

Ulises hace uso de más de una perla de la inteligencia adaptativa. Para empezar, resiste la tentación de matar a Polifemo porque su prudencia le permite prever que solo el monstruo es capaz de mover la roca que obstruye la entrada de la gruta. Además, su capacidad de refrenar sus impulsos y anticipar movimientos de forma paciente (en griego: *talasiphronos*) a la par que ingeniosa (en griego: *polymetis*) demuestra su habilidad para prever lo imprevisible y así manejar situaciones inéditas, además, con gran inventiva (en griego: *polytropos*). Así lo demuestra, por ejemplo, el ingenio del que hace gala cuando se le ocurre juntar a las ovejas de la cueva para escapar de Polifemo. Cabe constatar que el heroísmo de Ulises no radica en su fuerza física, sino en su inteligencia fuera de norma que se manifiesta en su capacidad para prever el futuro y adaptarse a las circunstancias presentes para sobreponerse a las dificultades. En cierto sentido, las acciones de Parlier tras la avería manifiestan disposiciones análogas, como bien demuestra la ingeniosa reparación que pudo efectuar sin recibir asistencia alguna.

La habilidad de anticiparse y sobreponerse a las dificultades, así como la valentía y la perseverancia que hacen al héroe, definen bastante bien lo que se conoce como el «sexto sentido de marinero»: una serie de disposiciones que el mar invita a desarrollar. Como hemos adelantado, todo buen navegante debe saber anticiparse. ¿Cómo? Pues dedicando la más escrupulosa de las atenciones a la evolución de las condiciones meteorológicas; o supervisando el estado del velero; o asegurándose de llevar a bordo las herramientas necesarias para poder hacer reparaciones de forma autónoma. Y aunque un marinero no disponga de estas facultades de forma natural, no hay por qué temer: la navegación en alta mar fomentará su desarrollo. Por eso decimos que el mar es también la escuela de la vida. Porque en el mar hay que actuar con inteligencia; porque hay que aprender a defender las decisiones que se toman y, en ausencia de soluciones, inventarlas; porque en medio de una tempestad, no debemos dejarnos vencer por la pasividad, sino dejarnos guiar por la fuerza y la serenidad. Sin ellas, la vida en el mar se convertiría en un infierno.

Hay quienes dirán que, así visto, vivir en mar abierto consiste en experimentar una soledad radical y eminentemente formativa. Para empezar, porque obliga al marinero a desarrollar toda una serie de competencias técnicas que le permitan vivir de forma independiente. Pero también porque la soledad en la que se encuentra en momentos de dificultad conlleva la obligación de tragar con todo. No tiene otra opción. Solo se tiene a sí mismo y a su tripulación. Así, y solo así, es como se fortalece el espíritu y se aprende la difícil lección que supone aceptar las cosas tal y como son. Ya lo dice el proverbio zen: «Si la marea sube, el barco sube también». En el esfuerzo nos fortalecemos y en las dificultades nos perfeccionamos. Y, ¿qué mayor dificultad que el riesgo de morir? Y como la muerte es inevitable, ¿qué mayor sabiduría que aceptarlo?

De existir una prueba mediante la cual la sabiduría misma pudiera ser probada, esa sería la muerte. Por eso no debería sorprendernos, ya lo hemos explicado, que, entre los vivos y los muertos, estén «los que salen a navegar». O, dicho de otro modo: los que, aún vivos, van en busca del peligro y de la muerte.

Así que, por última vez, ¿cómo se podría dudar de que el mar es la escuela de la vida? Sobre todo, habida cuenta de que vivir no es otra cosa que el riesgo de morir. Al situarse en ambientes que le son ajenos, el marinero vive una experiencia que no es otra que la de la vida más intensa que jamás podrá experimentar.

De hecho, yo mismo he reflexionado sobre la extraña sensación que experimento cuando estoy en el mar, sobre todo, en alta mar; me siento vivo o, mejor dicho, me siento plenamente vivo. En definitiva, siento una suerte de exaltación. Me siento lleno de energía, incluso cuando estoy exhausto. En numerosas ocasiones, me he preguntado cuál es la fuente de tan particular estado mental. Y he llegado a la conclusión de que la felicidad de existir se basa, antes que nada, en la plena conciencia de estar vivo; una plena conciencia indisociable de la conciencia del riesgo y los peligros circundantes. Como si someter al cuerpo a lo que amenaza su integridad confiriera a la conciencia de existir una mayor nitidez, más intensidad. Como si el miedo a morir fuera la ocasión privilegiada de disfrutar de la felicidad de la vida. Y es que no hay mayor paradoja que la de la concomitancia del miedo y la felicidad. Por extraño que pueda parecer para aquellos que no hayan vivido esta experiencia, la preocupación que me asedia con frecuencia cuando estoy en el mar no me impide en modo alguno disfrutar de la felicidad. Es más, durante mucho tiempo pensé que la felicidad que experimento navegando residía en lo que me gusta llamar el placer de arriesgarse.

Pero eso no es del todo cierto. Experimentar miedo o preocupación no es placentero. De ser así, el miedo no daría miedo, sino que más bien sería placentero, lo cual es absurdo. Por el contrario, temer por uno mismo y por los otros, temer por la propia integridad siempre supone descubrir vulnerabilidades. Tomar conciencia del peligro que constituye volcar en el mar implica tomar conocimiento de la fragilidad de la vida y, por tanto, tomar conciencia de su belleza y de la suerte que tenemos de estar vivos. En última instancia, el mar no es un medio naturalmente adaptado a las necesidades del hombre. Al contrario, la vida en el mar es una vida de compromiso y, precisamente por este motivo, aprender a vivir en alta mar no es otra cosa que aprender a vivir descubriendo las verdades de la vida.

IV

Está lo que depende de nosotros y lo que no depende de nosotros

Ya se ha dicho antes: no todo se puede prever. Mientras que, en tierra firme, siempre podemos aplazar un paseo por el bosque cuando anuncian grandes vientos, en alta mar no siempre se puede evitar un temporal que atraviesa nuestra ruta. Para empezar, conviene recordar que, por mucha experiencia marítima que se tenga, jamás se tendrán certezas sobre el mar. Sí, ciertas causas tienden a producir ciertos efectos. Ahora bien, las «leyes» que gobiernan nuestras acciones surgen cuando extrapolamos lo sucedido en una o varias ocasiones concretas al plano general y, claro está, eso no garantiza certeza alguna. Así pues, hacerse a la mar es arriesgarse a experimentar lo imponderable. Aunque, como es natural, eso no significa que estemos condenados a resignarnos, como veremos a continuación. Cuando nos enfrentamos a algo que nos desconcierta o nos asombra en primera instancia, siempre podemos intentar actuar con sensatez. Todo accidente y avería que se pueda dar en una regata o en la navegación en alta mar ha de entenderse como un ejercicio que nos sirve para desarrollar esa fuerza sobre la que los griegos teorizaron en la Antigüedad y que calificaron de *ethos*. El naufragio del velero de uno de los participantes en la Vendée Globe de 1996-1997 no podría ser más instructivo ni pertinente para demostrar que, si bien no siempre se puede uno cuidar de las catástrofes, sí es posible en cierto modo hacerse dueño de su destino.

Nacido el 13 de mayo de 1968 en una ciudad cerca de Burdeos, Raphaël Dinelli llegó al mar y a las regatas a través del *windsurf*. Tras curtirse como participante habitual en la famosa regata El Solitario de Fígaro, finalmente se lanzó —cual pirata— a participar en la Vendée Globe que dio comienzo el 3 de noviembre de 1996. ¿Por qué digo que se lanzó «cual pirata»? Pues porque, por lo visto, Dinelli tuvo muchos problemas para encontrar patrocinadores y, por ello, no pudo participar en el recorrido de clasificación de dos millas náuticas que es requisito indispensable para todos aquellos que quieran participar en la prestigiosa regata. En consecuencia, el jurado rehusó oficializar su candidatura y se le prohibió participar en la regata alrededor del mundo. Pero eso no le impidió competir.

Dinelli pasó buena parte de las primeras semanas tratando de solucionar los innumerables problemas técnicos que no había podido arreglar antes de su partida, así que no fue hasta llegar a los mares del Sur cuando de verdad se incorporó a la competición. El 25 de diciembre, el timonel del Algimouss navegaba por el océano Índico a la altura de las islas Kerguelen. Recuerda este navegante:

Tenía 28 años y estaba considerado el benjamín de la competición… Tras pasar las islas Kerguelen, me topé con una tempestad huracanada. Las condiciones climatológicas habían degenerado hasta tal punto que el velero registró vientos de más de 90 nudos. Ese fue el último mensaje que pude mandar. Mirara donde mirara, solo veía espuma blanca por todas partes: ¡un escenario apocalíptico! Era 25 de diciembre. Navegaba a 25 nudos cuando cogí una ola más alta de lo que jamás habría imaginado. ¡Una ola letal! Era como hacer surf sobre el velero. Iba a 35 nudos al pie de la ola hasta que, de repente, la ola nos engulló. Ese fue el principio del fin. Dimos una vuelta de 180 grados; con el barco boca abajo. A través de las portillas, el agua se veía cristalina y apacible; como una gran burbuja, como en la película *El gran azul.* Pero, entonces, el espejismo de calma estalló en mil pedazos. La fuerza de las olas atizó el mástil como un ariete; un auténtico golpe maestro. Y, tras cuatro horas, el mástil destrozó la cubierta del velero. El agua se coló en la carena,[52] el velero recuperó su escora y, finalmente, se enderezó. Pero la fuerza del agua era tal que me encontré sobre una suerte de pontón flotante. Estaba aferrado a la línea de seguridad mirando hacia el mástil y, cuando caí por el agujero de la cubierta directo al compartimento de las velas, me coloqué en posición fetal y en apnea hasta que, finalmente, el movimiento de las olas me subió a la superficie como una pelota de pimpón.

Pasé 36 horas flotando en el agua helada, sin comer ni beber y sin sentir una pierna. Cuando al fin llegaron los australianos, me tuvieron que lanzar un bote salvavidas porque no podían amerizar… Justo antes de la décima noche, mi velero se hundió y el bote salvavidas, que ya no tenía a qué agarrarse, se fue a la deriva. En aquel

[52] Parte sumergida del casco de un navío.

momento, todavía no lo sabía, pero Pete Goss[53] llevaba doce horas navegando en triángulos a mi alrededor… Así fue como apareció Pete y me subió a su barco. Verdun, que había volcado, estaba también en el barco. Los quince días siguientes fueron difíciles, sí, pero formidables. Pete me dejó en Hobart, en Tasmania, y ese fue el fin de esta historia, pero el principio de una amistad que durará para siempre.[54]

Evidentemente, la zozobra de Dinelli, como él mismo admite,[55] vino dada por una conjunción atípica de varios fenómenos climatológicos ligados al viento, al estado del mar y a las leyes de la mecánica y de la hidrodinámica. En ocasiones, estos fenómenos pueden resultar imprevisibles y esta imprevisibilidad puede ser profundamente inquietante para muchos de nosotros.

Por desgracia, ante nuevos imprevistos, las destrezas adquiridas no sirven para dominarse ante

[53] Uno de los participantes de la competición.

[54] Bruno Poirier, «Vendée Globe. Rapahël Dinelli: "C'était apocalyptique"», *Ouest-France,* 7 de noviembre de 2012.

[55] Raphaël Dinelli, *Le pirate du tour du monde*, París, Anne Carrière, 1997.

las dificultades. Lo cierto es que, para actuar con eficacia, adaptarse a la realidad y pensar acciones pertinentes es imprescindible poder apoyarse en experiencias pasadas en las que hemos resuelto uno u otro problema de una u otra manera. Ya se sabe, si en una situación dada la acción decidida se revela eficaz, entonces hay motivos para pensar que, si esa situación se vuelve a producir, lo mejor será actuar de manera análoga. Por el contrario, si nuestras acciones pasadas resultan ser contraproducentes, de presentarse el mismo problema, entonces tendremos razones para actuar de manera diferente. A fin de cuentas, y con independencia del ámbito de aplicación, la experiencia nos procura habilidades demostradas para lidiar con los problemas del futuro. ¿Cómo? Pues gracias a la repetición y la diversidad de nuestras vivencias, que nos confieren una sabiduría que nos ayuda a anticipar los efectos y las consecuencias de los fenómenos futuros. Si nunca hemos vivido una tormenta huracanada en alta mar, ¿cómo vamos a saber que, en plena borrasca, las ráfagas de viento no solo son más fuertes de lo normal, sino que además pueden variar considerablemente de dirección, como ya hemos señalado? La sabiduría que nos aporta haber vivido esa experiencia y la sorpresa de la primera vez que la vivimos es lo que nos permite saber qué hacer si volvemos a encontrarnos en plena tormenta en alta mar.

En realidad, es de lo más sencillo de entender. La experiencia adquirida en travesías previas es la que nos ayuda, en primer lugar, a anticiparnos a lo que podría suceder y, en segundo lugar, a saber reaccionar ante los problemas de la manera más adecuada.

En este punto, permítanme volver a los teóricos del estoicismo, de los que ya hemos hablado con anterioridad. Según los estoicos, el mundo se divide en dos categorías.[56] En primer lugar, lo que no depende de nosotros. Esto es: todo aquello que no es consecuencia de nuestras acciones y que se produce sin que nosotros lo hayamos decidido. Un ejemplo sencillo: el tiempo que hace. En general, este tipo de fenómenos se suelen atribuir, bien al azar, bien al destino, o sea, a la intervención de alguna divinidad. Sea como fuere, la clave está en comprender que la aparición de una tempestad no depende de nosotros; que la avería aleatoria que afecta al funcionamiento de un piloto automático

---

[56] Véanse, por ejemplo, las primeras líneas del *Manual* de Epicteto, donde el filósofo expone el principio fundamental que ha de guiar la búsqueda de la libertad y de la felicidad.

o a un lector de mapas marítimos no es algo que podamos controlar. Frente a este tipo de fenómenos que escapan a nuestra voluntad, a menudo, nos sentimos desarmados. Especialmente, cuando es imposible predecir cuándo van a suceder. Por dar un ejemplo en tierra firme: es bien sabido que, cuando uno elige descender el macizo de Mont Blanc por el recorrido conocido con el nombre de Vallée Blanche, se expone siempre a la caída habitual de seracs.[57] Ahora bien, no se puede prever cuándo se van a producir esas caídas. Por este motivo, conviene evitar pararse en zonas especialmente expuestas.

Esta es una demostración de que, si bien a veces se producen sucesos que no podemos prever de antemano, tampoco es imposible luchar contra la fatalidad. Pero, además, hay un segundo tipo de categoría: todo aquello que sí depende de nosotros. Ahora bien, ¿qué depende de nosotros? ¿Qué podemos dominar más allá de nuestros pensamientos? Pues bien, no solo nos pertenecen nuestras opiniones y juicios —explica Epicteto en su obra—, sino también nuestros deseos y nuestros

---

[57] Bloque de hielo de gran tamaño que se crea al desprenderse de un glaciar.

sentimientos. De modo que, si pese a todos nuestros esfuerzos, no logramos satisfacer uno u otro deseo, la razón nos recomienda no obstinarnos y dejar de desear lo que no podemos obtener. Ojo, no se trata de renunciar; no hemos de ceder a la cobardía… o, peor, a la pereza. Se trata de no obstinarse para, así, encontrar la felicidad verdadera.

No obstante, en un plano secundario, este análisis también trata otro tema fundamental: la libertad. En el imaginario colectivo, un hombre libre es aquel que hace lo que le satisface, lo que quiere. Aquel que piensa que solo si las cosas pasan como él desea, llegará a ser libre. Al contrario, los estoicos nos invitan a pensar en la libertad de una manera diferente: tan original como pertinente. Según el estoicismo, ser libre es cuestión de razonamiento, de reflexión…, algo razonable. Sí, me encantaría atravesar el océano Atlántico sin sufrir un temporal, pero, si mi travesía dura veinte días, jamás tendré la certeza de poder evitar el mal tiempo. En este planteamiento, la libertad ya no está sujeta al azar, a la fatalidad o al favor de los dioses. Al contrario, emana de nuestra facultad de comprender que no todo puede suceder en base a nuestra buena voluntad. Y, de igual modo, la libertad también depende de nuestra capacidad de aceptar e, incluso, de desear lo que nos viene dado. Eso sí, esta habilidad para aceptar la realidad con los brazos abiertos no debe ser entendida como sinónimo de resignación.

En primer lugar, porque, sea cual fuere el deseo, antes de reconocerlo como imposible, hemos de hacer todo lo que se encuentre en nuestras manos para satisfacerlo. Solo tras haber hecho todo lo posible por cumplir un deseo que se revela como inalcanzable, podremos llegar a pensar (y con razón) que sería vano obstinarse en querer lo que no se puede conseguir. En segundo lugar, porque, sí, es difícil prever una avería en alta mar, pero no es tan difícil imaginar que pudiera llegar a suceder. Por poner un ejemplo: si yo sé que el rodete de la bomba de agua de mi motor es una pieza de desgaste y, además, el motor debe tener (sí o sí) un sistema de refrigeración para funcionar correctamente, tendré que asegurarme de llevar un rodete de recambio por si acaso la pieza falla. Hay quien arguye que son tantas las averías que podrían producirse, que es imposible predecirlas todas. Pues a eso yo respondo que la experiencia —entendida como una diversidad y riqueza de vivencias— es, precisamente, lo que nos permite identificar las averías más molestas y, en consecuencia, liberarnos de la fatalidad. Ya que, me repito, si no siempre se puede prevenir un huracán, sí se puede comprobar el buen estado de las velas —más allá del estado del barco— antes de levar anclas. La preparación de la ruta, la comprobación del correcto funcionamiento del navío, la facultad de anticipar los fenómenos contingentes…, todo ello depende exclusivamente de nosotros y, por ende, es de lo que debemos ocuparnos. No cabe duda de que siempre se podría romper el timón; igual que siempre podríamos encontrarnos en la trayectoria de un contenedor o de un tronco a la deriva. Pero ¿de qué sirve malgastar día y noche en alimentar preocupaciones inútiles, cuando se sabe que el miedo no evita el peligro?

En cambio, antes de partir, sí sería útil preguntarnos qué convendría hacer si se produjera una de esas averías y, en tal caso, qué utillaje necesitaríamos para hacer las reparaciones pertinentes a bordo. La conclusión, como arguye Epicteto, es doble. Por un lado, solo debemos ocuparnos de las cosas que dependen de nosotros y olvidar las que no dependen de nosotros. Por otro lado, no somos prisioneros del destino ni de la fatalidad. Podemos vivir con libertad, con dos condiciones. La primera: no frustrarnos en conseguir lo imposible; es absurdo. La segunda: que pensemos. Efectivamente, tenemos que pensar más. Observar más. Analizar las vivencias. Aprender de las lecciones del pasado, con cabeza, para así prepararse para el futuro.

Por consiguiente, es evidente que no por ser vulnerables a las enfermedades y a los accidentes, tanto en tierra como en el mar, estamos condenados al infortunio. Parecería que podemos ser felices, incluso en situaciones que la mayoría de las personas consideran desafortunadas. ¿Cómo? Precisamente, dejando de negar la vida que nos ha tocado vivir. Y, en consecuencia, no dedicando tanto tiempo de nuestros pensamientos, por ejemplo, a esa avería sin la cual nos habría ido tan bien. Parémonos a pensarlo un momento. ¿Qué pasa mientras nosotros nos negamos a aceptar que las cosas vienen como vienen? «¡Qué tristeza! Ya no me quiere». «¡Qué horror! Estoy enfermo». Lo que pasa es que nuestra negación hace que nuestra mente se obsesione con esa realidad que no soportamos. Al no aceptar la situación, deplorable, qué duda cabe, la dotamos de una importancia y un peso en nuestra vida que, en realidad, no debería tener. Así empieza a ocupar demasiado espacio en nuestros pensamientos. En cambio, si optáramos por aceptar la realidad tal cual es y la colocáramos a la par de nuestros otros pensamientos, seríamos capaces de relativizarla.

En el fondo, si lo pensamos bien, nuestro malestar deriva de dos ilusiones. La primera: pensar que la realidad puede siempre plegarse a nuestros deseos. La segunda: creer que, al negar la realidad, la vamos a hacer desaparecer. Llegados a este punto de la argumentación, me gustaría introducir la navegación en alta mar como ejemplo de ejercicio de sabiduría. Es relativamente fácil de entender, siempre que se tengan en cuenta las particularidades de la navegación en alta mar.

En alta mar, siempre que se produce un accidente hay que apañárselas solo. Esto significa que, tras haber maldecido nuestra suerte, nos toca ocuparnos del problema. No obstante, para ello, lo primero que hay que hacer es decidirse a resolverlo. No significa resignarse, sino más bien dominar el problema. Es lo que toca. Porque se está en alta mar y porque no queda más remedio. No hay interés alguno en añadir desesperación, ni mucho menos frustración, a una situación que ya es bastante difícil de por sí. Cuidémonos —ya sea en el mar o en tierra firme— de echar pestes contra los obstáculos que nos encontremos camino de realizar nuestros proyectos. A fin de cuentas, ¿cómo, si

no, desarrollaríamos las habilidades para superar-
los si no fuera gracias a ellos? «Si la marea sube, el
barco sube también». Este proverbio zen (que ya
he mencionado con anterioridad) no solo significa
que en el esfuerzo se desarrollan las fuerzas. También quiere decir que es en la adversidad cuando
tomamos consciencia de nuestras capacidades y,
de este modo, también de nuestra capacidad de
liberarnos de la fatalidad y así, y solo así, de vivir
felices y satisfechos. En definitiva, el mar no es solo
escuela de inteligencia y escuela de libertad, sino,
también, escuela de una felicidad a la que se llega
mediante la lucidez, la reflexión y la fuerza de espíritu.

V

El mar: escuela de solidaridad

Lunes 30 de noviembre de 2020. 14.46, hora francesa. Tres semanas después del arranque de la novena edición de la Vendée Globe, Kevin Escoffier, el timonel del PRB, accionó su baliza de emergencia para avisar a su equipo de una avería en el velero que se produjo al coger una ola a más de 25 nudos. El mensaje en cuestión fue de lo más sucinto: «Me hundo. No es una broma. MAYDAY». No había tiempo que perder. La junta directiva de la competición contactó con Jean Le Cam, el competidor más próximo a la zona del accidente, a unas 20 millas náuticas de su posición, y le ordenó desviar su ruta y acudir a socorrerlo. Le Cam llegó sobre las 17.15 y enseguida se dispuso a peinar la zona con el fin de encontrar al timonel del PRB. Imagínense la situación. La noche se le echaba encima y el mar estaba picado. Estamos hablando de vientos de

30 nudos (alrededor de unos 60 kilómetros/hora) y de olas de más de cuatro metros de altura. Le Cam buscó, escrutó, inspeccionó cualquier atisbo del bote salvavidas en el que se tenía que haber refugiado Escoffier.

Con el objetivo de ayudar a Le Cam a encontrar a su compañero, el puesto de mando de la competición, con ayuda de la agencia meteorológica Météo France, utilizó los datos enviados por la baliza de emergencia personal de Escoffier para tratar de estimar, con la mayor precisión posible, el rumbo que podría haber tomado la balsa salvavidas. Entonces, en plena noche, el timonel del Yes We Cam! atisbó una luz en mitad de la oscuridad. Entre las olas, Le Cam logró vislumbrar la embarcación improvisada gracias a la luz de su bote. Se acercó como buenamente pudo; con tres rizos y en condiciones adversas, era extremadamente difícil maniobrar. Tras varios intentos inmerso en la oscuridad de un océano Atlántico sur de lo más hostil, al final, Le Cam se dio por vencido y comprendió que esa maniobra era demasiado complicada para hacerla de noche. Con palabras (cuando la distancia lo permitía) y con gestos, los dos marineros acordaron ganar tiempo y esperar al amanecer, que habría de suceder en pocas horas.

Al alba, Escoffier oyó un golpe de vela. Abrió la cremallera de la tela de su bote para echar un vistazo al exterior y vio al mismísimo Rey Jean (el apodo de Jean Le Cam durante toda la regata) en la cubierta de su velero. Al acercarse a Escoffier, este le espetó: «¿Lo hacemos ya o qué?». A lo que el Rey respondió: «¡Sí!». Ni a la primera, ni a la segunda… Le Cam esperó al momento adecuado y lanzó a Escoffier un cabo[58] atado a un churro de natación; un churro como los que utilizan los niños en la piscina. A la tercera va la vencida, dicen; y así fue. Escoffier atrapó el churro y se lo enrolló alrededor de la cintura. Transcurrieron entonces varios interminables minutos en los que ambos tiraron de los extremos del cabo con todas sus fuerzas para reducir la distancia entre las dos embarcaciones. Finalmente, Escoffier acercó el bote salvavidas hasta «Hubert» (el nombre afectuoso que el patrón del Yes We Cam! le había dado a su barco en memoria de su buen amigo Hubert Desjoyeaux) y, con ayuda de Le Cam, logró alzarse hasta la cubierta. ¡Se había salvado!

Las primeras palabras que intercambiaron son de lo más elocuentes. «¡Joder, por fin estás a salvo!

[58] Se dice de todo cordaje que se encuentra en un navío.

¡Ha estado cerca!». A lo que Kevin respondió: «Te he jodido la competición, con lo bien que ibas...». Pero Le Cam lo tranquilizó: «No pasa nada. La última vez yo se la jodí a Vincent». Se podría decir que ese primero de diciembre de 2020, sobre las 2.06 (hora francesa), Jean Le Cam saldó su deuda con el PRB. Ya que, en 2009, fue Vincent Riou (a bordo del PRB) quien acudió a salvar al Rey Jean *in extremis*.

Una vez más, este salvamento confirma la leyenda del gran Sur y el temperamento del Everest de las regatas oceánicas que es la Vendée Globe. La sangre fría de Escoffier y su habilidad para llevar a cabo una evacuación tan rápida de un velero destripado es digna de admiración. Pero también lo es la obstinación y la valentía de la que hizo gala Jean Le Cam para encontrar y socorrer al marinero naufragado. Ambas le otorgan a este salvamento una dimensión épica. Al fin y al cabo, si la solidaridad no es una palabra vacía es por rescates como este que representan a todos aquellos que se ayudan mutuamente, que se cargan a las espaldas las dificultades del otro y que, además, pasan a un segundo plano los intereses egoístas para centrarse en empatizar con el sufrimiento de quien se encuentra en apuros. Es innegable que en esta solidaridad también hay una parte de abnegación que se manifiesta en lo que conocemos con el nombre de generosidad.

No obstante, estas virtudes no solo se manifiestan en el terreno deportivo. Más allá de las regatas —llenas de enternecedoras aventuras humanas—, también el mar en su conjunto se caracteriza por su solidaridad. ¿A alguien le pilla por sorpresa?

No debería. Sobre todo, si recordamos aquella famosa máxima: «Están los vivos, los muertos y los que salen a navegar». A fin de cuentas, navegar no es solo estar lejos de la costa, sino también descubrirse a uno mismo en un elemento que, al menos de forma natural, no está adaptado a la vida humana. No voy a volver a analizar el argumento de que aquellos que surcan los mares no están ni vivos ni muertos. En cambio, sí me gustaría recalcar que, al estar lejos de toda civilización, el pan de cada día de todo marinero es la soledad. Y ello nos priva de la comunicación con otros y de poder expresar nuestras dudas y nuestros miedos. A la par que nos obliga a gestionar por nuestra cuenta cualquier problema que pueda surgir. Esta soledad, como bien sabe todo aquel que surca los mares, explica con claridad la propensión de los navegantes a ser más solidarios que la media. Solo quien ha experimentado la preocupación que se siente al tener que enfrentarse a un peligro solo puede llegar a comprender la angustia de aquel que está en un apuro; esa empatía es lo que mueve a socorrer a otros marineros. «Los que salen a navegar» y se atreven a correr los riesgos que implica (a sabiendas de sus consecuencias) son precisamente los que más sentido de la solidaridad pueden demostrar.

Es de sobra conocido. Esta solidaridad, que implica una obligación moral de auxilio mutuo, ha suscitado en todo el mundo numerosas iniciativas que buscan desarrollar procedimientos de asistencia a marineros en peligro. Por poner solo un ejemplo, en Francia, hasta el siglo XIX el salvamento marítimo era una realidad dramática marcada por la falta de medios técnicos, humanos y económicos. Ante las muchas tragedias que se sucedieron en aquella época, un grupo de hombres se reunieron para crear una serie de estructuras locales de salvamento, pese a la manifiesta falta de medios. Los naufragios del Amphitrite[59]

[59] El 31 de agosto de 1833, un velero inglés de tres mástiles, el Amphitrite, naufragó al intentar arribar a la localidad de Boulogne-sur-Mer. Fallecieron 133 personas.

en 1833 y de la Sémillante[60] en 1855 contribuyeron a moldear la opinión pública para así fomentar su colaboración.

La Sociedad Central de Salvamento de Náufragos[61] nació el 12 de febrero de 1865, por iniciativa del almirante Rigault de Genouilly y bajo la protección de la emperatriz Eugenia, que contribuyó mediante la donación del primer bote salvavidas. La sociedad pronto creció en importancia. Los primeros puestos de socorro se crearon en 1865 en Audierne y en Saint-Malo. Y a esos les siguieron otros en Groix y Ouessant en 1866, y en Conquet y en la isla de Sein en 1867.

Sin embargo, al terminar la Segunda Guerra Mundial, tuvieron que empezar de cero. Paralelamente, los oficios del mar recuperaron su apogeo y surgieron nuevas aficiones marítimas. La Sociedad Central de Salvamento de Náufragos y la So-

---

[60] El 15 de febrero de 1855, cuando la fragata imperial de primer rango, la Sémillante, navegaba a lo largo de la costa de las islas Lavezzi, se perdieron vidas y bienes materiales (733 víctimas) en la mayor catástrofe marítima ocurrida en el Mediterráneo.

[61] La Société Centrale de Sauvetage des Naufragés. *(N. de la T.)*

ciedad Hospitalaria de Socorristas Bretones,[62] con objetivos similares, no daban abasto para responder de forma eficaz a las necesidades de salvamento del conjunto del litoral francés. De modo que se volvió necesario juntar fuerzas y aunar estas dos instituciones. Así, a petición de los poderes públicos, en 1867 se fusionaron las dos sociedades bajo el nombre de la Sociedad Nacional de Salvamento Marítimo (la SNSM por sus siglas en francés: la Société Nationale de Sauvetage en Mer), cuyo primer presidente fue el almirante Amman. La SNSM nació con el objetivo de socorrer de forma gratuita a los marineros en peligro en el mar y en las costas, gracias a voluntarios. Constituida como una asociación amparada por la ley de 1901, en 1970 sería reconocida como una organización de interés público. Hoy por hoy, está presidida por el almirante Emmanuel de Oliveira.

Solo queda, entonces, explicar por qué motivo estos salvamentos son dignos de admiración. No cabe duda de que el altruismo de todos los hombres y mujeres que se ofrecen, de manera voluntaria, a contribuir con la organización es digna de respeto. Pero no alcanza para explicar por qué mu-

---

[62] La Société des Hospitaliers Sauveteurs Bretons. *(N. de la T.)*

chos tenemos en tan alta estima a estos marineros que, en todo tipo de clima, se ponen al servicio de los demás. Al arriesgar su vida para salvar la de otros, el salvador —o aquel que, por la fuerza de las circunstancias, se encuentra en esa posición— se vuelve capaz de un acto de lo más singular: arriesgar lo más preciado para él, algo sagrado, su propia vida. Es decir, que accede a sacrificarse por otros. Y, cómo no, esta generosidad es de lo más admirable. Quien acepta correr ese riesgo no solo da fe de su abnegación y su coraje. También hace gala de su humildad e, incluso, de su magnanimidad y grandeza de espíritu.

Apegados —como todos lo estamos— a la vida, estos hombres y mujeres consienten ponerla en peligro. A través de sus propias acciones, dan a entender que le confieren más valor a la vida de la persona que van a salvar que a la suya propia. Y, precisamente por este motivo, consideramos a estos salvadores, perdón, socorristas como auténticos héroes. Porque, en el fondo, sabemos que ellos son capaces de un nivel de sacrificio y valentía del que sospechamos, de manera más o menos consciente, nosotros seríamos incapaces.

Llegados a este punto, sería oportuno admitir que, en el caso de ciertos navegantes y socorristas voluntarios, la solidaridad llega a través de una cierta sensación de obligación. Pongamos un ejemplo. Un arrastrero con cinco hombres a bordo acciona su baliza de emergencia. El Centro Regional de Operaciones de Vigilancia y Salvamento (el CROSS por sus siglas en francés: Centre Regional Opérationnel de Surveillance et de Sauvetage), encargado de coordinar las operaciones de salvamento en alta mar, alerta a la SNSM. El patrón de la lancha salvavidas llama a los socorristas voluntarios para ir a ayudar al navío; no tienen más remedio que ir. Así son los salvamentos. Se hace porque alguien tiene que hacerlo. El salvamento se impone como un imperativo, como un deber... Así pues, la solidaridad de la que son capaces quienes, siendo conscientes de los peligros del mar, se ponen de manera espontánea en el lugar de quien necesita ayuda, quizá merezca una nueva definición. Ya no se trata de lo que une a las personas a través de la ayuda mutua que se demuestran, sino, más bien, de un fuerte sentimiento de deber que impide desentenderse de la obligación de ayudar a aquellos que lo necesitan. En este sentido, la solidaridad no es solo una mera virtud; va más allá de ese anhelo de humildad al que antes hacíamos mención. En cambio, se erige como un imperativo categórico:

ser conscientes de la primacía de la vida del otro. Y no solo a través del discurso. Cabe recordar que para ser solidario no basta con conformarse con lamentar el sufrimiento ajeno. Ser solidario es actuar, es compartir la pena y, ante todo, es esforzarse por aliviarla.

Habida cuenta de la efusividad con la que se habla de la solidaridad, cabría preguntarse si el autor de estas líneas pretende asegurar que los hombres de mar tienen mucho que enseñarnos en lo que a moralidad se refiere o bien si, por el contrario, pretende argüir que hace falta ser marinero para llegar a esos extremos. Huelga decir que no cabe semejante pregunta. Sin embargo, por los peligros que esconden sus rutas y las exigencias que impone a quienes las surcan, ¿no posee el mar la facultad de revelar a los hombres no solo sus debilidades, sino también su grandeza?

Grandeza, naturalmente, que reside en la fuerza de su voluntad y en su coraje. Pero, sobre todo, en la capacidad para acercarse lo máximo posible al peligro cuando el socorro y la solidaridad se imponen como un deber. En esas ocasiones tan particulares cuando el instinto, habitualmente predominante, cede en favor de la moral, se experimenta lo más sublime que tiene la libertad, es decir, la capacidad de arrasar con los impulsos más animales e inhibir los reflejos más espontáneos y el miedo más profundamente arraigado que reside dentro de todos nosotros: el miedo a morir. Al vivir tan singular experiencia —la de subordinar la vida propia a la de aquel a quien ofrecemos ayuda cuando se encuentra en peligro— se abre la puerta al descubrimiento de nuestro verdadero ser; seamos o no marineros. Se descubre así que todos somos capaces de dominar nuestros impulsos naturales y de domesticar al animal que llevamos dentro; en otras palabras, que podemos ser verdaderamente libres. Claro está, hay que tener en cuenta que este descubrimiento tan profundamente existencial tiene lugar en el marco de una actuación moral que es, ni más ni menos, ¡que actuar de manera desinteresada! Al situar al marinero en situaciones a menudo peligrosas y obligarlo a desarrollar la solidaridad, el mar se erige no solo como la mejor escuela de solidaridad, sino también, como ya se ha señalado con anterioridad, en escuela del deber.

VI

Entre la libertad y la meditación: a bordo con Bernard Moitessier

1 de marzo de 1969. El navegante Bernard Moitessier, que acababa de iniciar el 22 de agosto de 1968 la primera regata transoceánica en solitario y sin escalas, el Sunday Times Golden Globe Race, escribe en su diario de a bordo: «He vuelto a poner rumbo al Pacífico... Anoche lo pasé francamente mal pensando que tenía que volver a Europa [...]. Razones de peso no me faltan. ¿Acaso es prudente dirigirse a un lugar donde sabemos de sobra que jamás encontraremos la paz? [...] Ya no soporto a los falsos dioses de Occidente. Detesto el mundo moderno. Él es el auténtico monstruo. Destruye nuestra tierra y pisotea el alma de los hombres».[63]

---

[63] Bernard Moitessier, *La longue route*, París, Arthaud, 1971, pág. 226. [Traducción al castellano: *El largo viaje*, Barcelona, Juventud, 2004].

Tiempo después, le hizo llegar a un periodista del *Sunday Times*, al que conocía bien, el siguiente mensaje: «Estimado Robert: rodeamos las islas Horn el 5 de febrero y ya estamos a 18 de marzo. Voy a continuar mi camino hacia las islas del Pacífico sin hacer escalas porque en el mar soy feliz y porque, quizá así, pueda salvar mi alma». Siete meses después de haber zarpado de Plymouth, en Inglaterra, el patrón del Joshua (el nombre de su velero en honor a Joshua Slocum, primer marinero en efectuar la vuelta al mundo en solitario a bordo de un velero) abandona la competición y, en lugar de regresar al Atlántico sur, pone rumbo al océano Índico.

Fruto de esta radical decisión, Moitessier arribó a Tahití el 21 de junio de 1969 y pasó unos cuantos años en la Polinesia. Si bien la biografía de este marinero no es objeto de la presente obra, cabe recordar que sus libros, en particular *Vagabond des mers du Sud* y *La longue route*, dieron a conocer las alegrías y los riesgos de la navegación en alta mar y lograron despertar pasiones ocultas por el mar y la vida de marinero. Muchos se preguntarán el porqué de semejante éxito. Para responder esa pregunta, es preciso recordar el contexto en el que se publicaron sus obras.

Entre *Vagabond des mers du Sud* (1960) y *La longue route* (1971) pasaron diez largos años que cambiaron el mundo: la construcción del muro de Berlín, la influencia de la generación *beat*, la guerra de Vietnam, Mayo del 68, el primer paso de un hombre en la Luna… Entre progresos tecnológicos, la conquista espacial, el temor a un holocausto nuclear y las aspiraciones de libertad, la década de los sesenta vio cómo se desarrollaba, primero en Estados Unidos y más tarde en Europa occidental, una contracultura que ponía en el centro el descubrimiento de Lo Desconocido —mucho después de que Gauguin remarcara en su cuadro *Arearea* que se puede mantener una relación pacífica con la naturaleza— y se convertía en una invitación a viajar, soltar amarras, ¡zarpar!

¿Por qué?, os preguntaréis. Bien, de nuevo hay que tener presente que, en el marco de la Revolución Industrial, Occidente —incondicional del maquinismo y, en términos generales, de la técnica— mantenía una relación exclusivamente utilitaria con la naturaleza, que, normalmente, se veía como un medio de explotación del que sacar provecho. La contracultura occidental surge a raíz de la denuncia de esta explotación de la naturaleza. Desde este movimiento se fomenta la exploración de la riqueza ignorada y la contemplación de la belleza. En aquella Europa henchida de puritanismo cristiano, había quien soñaba con volverse uno con la naturaleza y, en una sociedad alimentada con la leche del psicoanálisis freudiano, quien buscaba redescubrir esa parte animal que todos llevamos dentro y que siglos y siglos de moralismo nos habían obligado a rechazar.

Ante todo, la generación *beat* aspiraba a la erradicación de las costumbres morales de todos los ámbitos, en especial, de la sexualidad. Pero esta generación también se caracteriza por su fascinación por las culturas exóticas y las tradiciones alejadas de Occidente y su seducción por el progreso de las técnicas y el racionalismo productivista. Estas tendencias se ven reflejadas en el diario de a bordo de Moitessier cuando decide poner rumbo a la Polinesia y rechazar la modernidad y los valores prometeicos ligados con el auge de la ciencia y la industria. «Detesto el mundo moderno», escribió el 1 de marzo de 1969. Por consiguiente, no cabe duda de que, al menos en la década de los sesenta, Moitessier pudo convertirse en heraldo de este rechazo al mundo industrial y capitalista y de una sociedad que, a su modo de ver, confiaba ciegamente en las ganancias y el dinero. Sin embargo,

Moitessier jamás se consideró un predicador; quizá fue precisamente por ello por lo que tuvo tanta influencia entre la juventud, sobre todo, en Francia. Moitessier era un hombre parco en palabras, así que, en lugar de regodearse en el lamento, enseguida pasó a la acción. No se conformó con condenar el mundo moderno, tal era su rechazo que decidió abandonarlo. Ahora bien, no tomó esta decisión al zarpar en su primera vuelta al mundo en solitario. Cuando levó anclas en Plymouth aquel 22 de agosto de 1968, lo hizo con la intención de volver. Fue poco después, en marzo de 1969, tras siete meses de mar, de soledad y de reflexión, cuando decidió dejar atrás el mundo moderno.

En *Las flores del mal*, publicada en 1857, Baudelaire escribe: «¡Hombre libre, siempre amarás el mar!». ¿Es el mar un terreno de juego privilegiado para los amantes de la libertad? O ¿acaso el mar constituye, por oposición a la tierra poblada (¿superpoblada?) de seres humanos, el único espacio de libertad donde el hombre puede gozar? Es difícil saber qué pretendía Baudelaire al escribir ese verso. ¿Pensaba el poeta que es la sociedad la que aprisiona nuestra libertad? ¿Que al tener que rendir cuentas con los demás y justificarnos ante nuestros semejantes, abdicamos necesariamente nuestra personalidad profunda y nuestra singularidad más íntima? Eso seguro.

Sea como fuere, la aventura experimentada por Moitessier es la de un hombre sediento de grandes espacios que encuentra en la vida en alta mar la mejor manera de escapar al conformismo del hombre alienado por las sirenas del productivismo y del consumismo. Al fin y al cabo, el patrón del Joshua vivió una experiencia fundacional. Al dejar tierra firme y alejarse de sus semejantes, al romper con las costumbres de los hombres de tierra, Moitessier descubrió que era posible vivir de otra manera, que era posible vivir algo diferente. Que la alegría de ser y de existir no es necesariamente la de poseer o trabajar para ser reconocido y percibir un salario. En otras palabras, que la alegría de ser no es la de tener. La navegación en alta mar y en solitario le ofreció la posibilidad, incluso el lujo, de poder tomarse el tiempo de soñar, de meditar y de reflexionar.

Al lograr terminar el viaje alrededor del mundo, pero también el viaje a su interior, Moitessier se convirtió en un símbolo —una personificación incluso— de un sueño. No por cambiar el mundo, sino por hacer de sus deseos una realidad. Así, el navegante nos enseña algo de importancia capital:

es posible cambiar de mundo, porque es posible cambiar de vida. Pero ello requiere cuestionar los hábitos propios. Requiere demostrar coraje. Y requiere voluntad, imaginación y perseverancia. Aun así, es más que posible. Eso explica por qué Moitessier llegó a ser ejemplo para tantos jóvenes. No fue porque les despertara el gusto por la navegación y los viajes, sino porque se convirtió en un ejemplo de cómo un sueño puede dejar de ser un sueño para convertirse en el presente de la libertad en acción: la libertad de elegir la vida que uno quiere, a fin de cuentas, de elegirse. Libertad de escapar, movido por la pasión, del destino y de la vida predestinada para nosotros.

Dicho esto, este marinero se ganó la admiración de muchos por numerosos motivos. Ya que, cuando Moitessier se hizo a la mar y trató de averiguar lo que era la verdadera libertad, no lo hizo solo mediante la consumación de la ruptura con ese «monstruo», en sus propias palabras, que constituía el mundo moderno. No bastó con acometer con éxito la meditada decisión de cambiar de vida y, con ello, de cambiar de aire e incluso ¡de hemisferio! Su mayor demostración de libertad es exponerse a la necesidad de aprender a vivir de forma independiente y a contar solo consigo mismo: para hacerse cargo de su velero, para recoger el agua de lluvia en caso de necesidad o para enfrentarse a los muchos temporales que le tocó vivir a lo largo de sus travesías.

En un mundo donde los progresos de la ciencia, la técnica y los medios de comunicación nos permiten, en cuanto estamos en peligro, beneficiarnos de la asistencia de un tercero y de recibir auxilio en plazos cada vez más cortos, ¿acaso no es legítimo preguntarse si, a medida que la capacidad de asistencia aumenta, nuestras habilidades para enfrentarnos a las dificultades se ven mermadas? A este respecto, el cambio de vida de Moitessier tiene mucho de admirable. En una época caracterizada por el desarrollo de los servicios de atención médica y de las políticas sociales hasta límites nunca alcanzados, la elección de vivir por sí solo y con total independencia es merecedora de mérito. Hace falta coraje para exponerse al peligro. Igual que es preciso exponerse al peligro para aprender a defendernos en lugar de ceder a la sencillez de renunciar.

Solo así se entiende por qué muchos circunnavegantes[64] consideran que fue el mismísimo Ber-

---

[64] Circunnavegación: travesía marítima alrededor de un continente o de toda la Tierra.

nard Moitessier quien los animó a surcar los mares. El patrón del Joshua es la prueba viviente de que siempre es posible cambiar de vida, enderezarse ante las dificultades y, sobre todo, es el mejor ejemplo de que es posible decir *no* y darles la espalda a las ataduras de la vida cotidiana y aprender de los encuentros realizados en los países más lejanos; en resumidas cuentas: de reinventarse mediante el descubrimiento. Dicho esto, también hay otra enseñanza que se podría extraer de las elecciones de Moitessier y sus numerosas aventuras: no hace falta ser rico para levar amarras. Uno se puede reinventar contando solo con un barco. Eso mismo hizo el patrón del Joshua, que, al carecer de los medios económicos para fabricar un mástil, recicló y restauró un viejo poste telefónico…

VII

Cuando la tragedia se invita a las regatas en alta mar: el caso Donald Crowhurst

Remontémonos al 10 de julio de 1969. El transbordador Picardy ubica un velero a la deriva en el Atlántico norte. Tras reportarlo, el comandante del transbordador envía una lancha a la zona para identificar cualquier posible rastro de presencia humana a bordo del navío; en el casco del barco figuraba el nombre del velero, Teignmouth Electron. El barco estaba vacío. El comandante del Picardy rescata los documentos que encuentra a bordo y pone rumbo a Inglaterra tras haber indicado la posición del velero a las autoridades marítimas. No obstante, un miembro de la tripulación reconoce el nombre del velero. ¿No era uno de los participantes de la regata del Sunday Times Golden Globe Race: la regata alrededor del mundo en solitario que había empezado en otoño del 68?… En ese momento, decidieron buscar los nombres de los participantes. Y, efectivamente, Teignmouth Electron era un trimarán o queche[65] registrado a nombre de Donald Crowhurst: nacido en la India en 1932, ingeniero electrónico y originario de Bridgewater en Somerset. De hecho, fue el último concursante en levar anclas en la competición. Zarpó de Teignmouth el 31 de octubre de 1968 y demostró su velocidad entre los Rugientes Cuarenta y el cabo de Hornos. Llegado el 10 de julio, Crowhurst era el único participante que todavía seguía en la competición —el resto de los concursantes se había visto obligado a abandonar por averías o problemas de salud— y se esperaba su llegada a Inglaterra para coronarlo como el vencedor de esta primera vuelta al mundo en solitario y sin escalas.

¿Qué había sucedido? Y lo más importante, ¿dónde estaba Donald Crowhurst? Nadie lo sabía. Igual que nadie hubiera podido imaginar lo que ocultaban aquellos documentos recogidos en el velero... Clare, la mujer del navegante, fue alertada de que habían encontrado el trimarán de Crowhurst, pero que no había ni rastro de su esposo. La mujer trató de convencerse de que su marido había aban-

---

[65] Velero de dos mástiles, con el palo mayor situado en la parte delantera.

donado el barco en un bote de remos, pero al día siguiente se vio obligada a admitir que a Crowhurst le había pasado algo sumamente grave…

Entre los documentos encontrados en el trimarán, se descubrieron dos diarios de a bordo. El primero, que registraba los datos de navegación del Teignmouth Electron, no coincidía en absoluto con las declaraciones de Crowhurst en múltiples comunicaciones por radio. El segundo, en cambio, seguía a pies juntillas las declaraciones de Crowhurst y relataba sus peripecias en el océano Índico y al pasar el cabo de Hornos. Y así fue como la terrible e inimaginable verdad salió a la luz. A pesar de sus alegaciones, Crowhurst nunca llegó a pasar el cabo de Hornos. Jamás atravesó el océano Índico. En su lugar, mintió e hizo creer al mundo que estaba participando en la competición cuando, en realidad, todo ese tiempo había estado escondido en algún lugar del Atlántico sur. El descubrimiento cayó como un jarro de agua fría, no solo en Inglaterra, sino también en el mundo de la navegación.

El detenido estudio de los diarios de a bordo reveló que Crowhurst, que zarpó el 31 de octubre, empezó a falsear los datos de navegación el 5 de diciembre. Es decir, apenas cinco semanas después del inicio de la competición. Entre todos, comprendimos que el segundo diario de a bordo, el que tenía los datos de navegación auténticos, se había empezado a escribir una semana después: el 12 de diciembre. Tras haber errado por el Atlántico sur durante semanas, el timonel, cuya intención había sido hacer creer que había completado la ruta de la competición, decidió retomar el rumbo y terminarla. ¿Cómo debemos interpretar este caso, que, hoy por hoy, sigue siendo el más trágico de la historia de las regatas en solitario? Hay mucho que analizar.

Para empezar, cabe señalar el carácter sombrío y atormentado de este calavera que parecía haberse propuesto un desafío con esta aventura. Hemos de suponer que Crowhurst buscaba reconocimiento, tal y como confirma su carrera profesional. ¿Quién si no se aventuraría a lanzarse a una competición de manera tardía, precipitada y sin preparación alguna? Por no mencionar que el reglamento de la competición establecía que la fecha de salida de los participantes era el 31 de octubre de 1968 como tarde y que Crowhurst cruzó la línea de salida ese mismo día. En su investigación, *El extraño viaje de Donald Crowhurst*, publicado en 1971, Ron Hall y Nicholas Tomalin revelan que la tentación de fraude no tardó en manifestarse. Según demuestra el diario de a bordo, desde su partida en diciembre, ninguna de sus comunicaciones por radio es sincera o verídica. Habida cuenta de que una regata de tal magnitud debía durar unos siete u ocho meses y que Crowhurst zarpó el 31 de octubre, ¡el marinero empezó a hacer trampas solo cuatro semanas después de zarpar! A decir verdad, Crowhurst «perdió los estribos» con tanta rapidez que no está de más preguntarse si su estado psicológico, antes incluso de hacerse a la mar, era estable.

Se sabe que la empresa que creó, Electron Utilisation Ltd., pasaba por apuros económicos y, además, había contraído grandes deudas para construir el velero con el que compitió. Solo así se entiende una de las razones principales que llevaron a este navegante a embarcarse en semejante mentira.

En el segundo diario de a bordo, el timonel admite que el barco presenta graves deficiencias estructurales que lo obligaron a emprender trabajos de estratificación importantes a lo largo de toda la travesía. Es decir, que el patrón del trimarán temía que el barco no fuera lo suficientemente robusto como para aguantar las duras condiciones de navegación que lo esperaban en los mares australes. Ya a finales de noviembre, Crowhurst sabía que su velero no podría llegar al Gran Sur. Sin embargo, sus apuros económicos eran tan grandes que, aunque solo fuera a ojos del astillero que había efectuado la construcción del Teignmouth Electron, no se podía permitir tirar la toalla. Aunque sabía que no tenía posibilidades de ganar, se negó a abandonar la competición. ¿Cómo no verse obligado a abandonar si se dirigía al océano Índico? Ese era el dilema al que se enfrentaba. Fue su negativa a dejar la competición lo que le hizo cambiar de opinión; o eso creemos. Si de verdad hubiera aceptado el riesgo —riesgo que todo marinero razonable debe tener en cuenta—, entonces hubiera tratado de enfrentarse al Gran Sur a sabiendas de que sería una travesía complicada. Pero no quiso aceptar su derrota. Así pues, no tenía más opciones... ¿Qué otra cosa podía hacer salvo hacer creer que había bajado hasta el cabo de Hornos e intentar salvar su montura escondiéndose en una zona poco frecuentada por barcos comerciales? Así, el 10 de diciembre, cuando solo quedaban cuatro competidores en la regata, Crowhurst anunció por telegrama que había recorrido 243 millas marítimas en tan solo veinticuatro horas; todo un récord para un navegante en solitario. Como confirma el diario de a bordo descubierto en el trimarán, esta declaración era, claramente, una mentira.

Solo queda explicar la desaparición de Donald Crowhurst. ¿Se precipitó al mar por accidente? Es poco probable. Por un lado, porque los partes meteorológicos del periodo del 24 de junio de 1969 (fecha de su última comunicación) al 10 de julio de ese mismo año (fecha en la que se encontró su velero) muestran que el mar y el viento fueron particularmente clementes en esa zona. Así que las probabilidades de que se cayera por la borda debido a unas condiciones de navegación duras y peligrosas son muy escasas. Por otro lado, por lo que podemos deducir del estudio de los dos diarios de a bordo en los que el marinero relató su periplo, se confirma que es altamente improbable que Crowhurst cayera al mar por accidente. Como ya se ha dicho, Crowhurst estaba empeñado en continuar con la mentira porque era incapaz de asumir su fracaso. Ahora bien, el 29 de mayo de 1969, cuando solo quedaban tres concursantes en la regata, Crowhurst recibió noticia de que Nigel Tetley, el timonel del Victress, que estaba a la cabeza de la competición y a tan solo mil millas náuticas de la llegada, acababa de naufragar. Eso convertía a Crowhurst en el líder de la competición, con mucha distancia de Robin Knox-Johnston, el timonel del queche Suhali. Y fue así como descubrió que Inglaterra se preparaba para recibirle por todo lo alto.

¿Cuáles fueron los efectos de este descubrimiento sobre el frágil estado mental de Crowhurst si atendemos a los escritos del mes de mayo? Jamás lo sabremos. Pero no resulta desproporcionado pensar, a la vista del drama interior que vivía Crowhurst desde el mes de diciembre, que la inminencia de su llegada victoriosa a Inglaterra lo colocó en una situación moral insostenible. A fin de cuentas, había mentido para poder terminar la regata y ahora resultaba que no solo iba a terminarla, sino que, además, iba a salir victorioso.

¿Cómo habría podido evitar los sentimientos de culpabilidad y vergüenza por usurpar esa victoria? Es altamente probable que el triunfo que lo esperaba precipitara el trágico desenlace de su periplo. ¿Cómo podría haber escapado a la culpa que lo atenazaba sino suicidándose? Todos los documentos encontrados en el Teignmouth Electron lo confirman. En junio cortó toda comunicación con el mundo exterior y cayó preso de elucubraciones pseudofilosóficas, a menudo, delirantes. Y fue durante estas semanas, estando bajo mucha presión y en un estado de confusión extremo, cuando cedió al acto del suicidio.

Tan trágica historia nos recuerda una tragedia que tuvo lugar en Francia hace ya treinta años. La noche del 9 al 10 de enero de 1993, Jean-Claude Romand mató a sus padres, a su esposa y a sus dos hijos. Durante más de dos décadas, había estado engañando a su familia y amigos haciéndoles creer que era un médico reputado destinado en Ginebra en la Organización Mundial de la Salud. Cuando, en realidad, había dejado los estudios antes incluso de haber empezado su segundo año. Le gustaba llevar un nivel de vida elevado, así que estafaba a sus allegados haciéndoles pensar que tenía contactos en las altas esferas que podrían conseguirles trabajos muy beneficiosos y rentables. Era un miembro respetado de su comunidad, admirado incluso por sus colegas en el campo de la medicina, ¿quién no habría confiado en él?

El 9 de enero, Romand sabía que lo iban a desenmascarar. Eso lo aterrorizaba, así que decidió matar a toda su familia antes de suicidarse (o fingir que se suicidaba); los investigadores se muestran escépticos. Al final, lo encontraron sano y salvo en su propia casa, que incendió tras haber asesinado a su mujer y a sus dos hijos, y haber ingerido barbitúricos.

Cabe preguntarse, ¿quién podría vivir semejante mentira y disimular durante más de veinte años? No sabría decirlo. Según le confió al escritor Emmanuel Carrère, quien le dedicó un libro (*L'Adversaire*, P.O.L, 2000): cuanto más duraba la mentira, más difícil era admitirla. Romand sabía perfectamente que todos aquellos a quienes había estafado algún día reclamarían que les devolvieran su dinero. Igual que sabía que, al no formar parte de la OMS en Ginebra, algún día todos lo sabrían y se vería obligado a enfrentarse a sus mentiras. Sin embargo, se aferró a la farsa y condenó su historia a un final trágico. Más de mil veces se vio tentado por el suicidio, aunque nunca tuvo la valentía para hacerlo, al menos, hasta que su cuñado fue a Ginebra y nadie en la OMS había oído hablar de él.

Como fue incapaz de admitir su doble vida (pese a haber tenido múltiples ocasiones para hacerlo) y estaban a punto de desenmascararlo, ante la incapacidad moral de reconocer sus actos, Romand se decidió (o quizá la necesidad lo decidió por él) a matar a todos los miembros de su familia y allegados. Y, digo yo, ¿no puede este mismo tipo de incapacidad explicar el suicidio, si es que realmente hubo suicidio, de Crowhurst?

Estas dos historias presentan muchas diferencias, es innegable, y no es intención de este autor asimilarlas. Sin embargo, ambas muestran lo difícil que puede resultar reconocer que has mentido y traicionado a quienes más te aman. Con toda probabilidad, Crowhurst se vio incapaz de asumir sus actos. Incapacidad de asumir, ante su mujer y sus allegados, su terrible culpabilidad. Oportunamente, cabría preguntarse si la rapidez con la que surgió la mentira estaría relacionada con su incapacidad para aceptar la derrota. A fin de cuentas, como estaba decidido a no perder o, peor, a abandonar la carrera, Crowhurst se abocó al engaño. ¿Sorprendente? En absoluto. En lo que respecta al mundo de la navegación y las competiciones deportivas, pero no solo, la capacidad de perder es la que determina la capacidad de ganar, y la aceptación de la derrota es la que hace posible la victoria. La razón es muy simple. El miedo excesivo a la derrota paraliza e imposibilita toda acción, inhibe la voluntad y desincentiva la imaginación. Pero eso no es todo. En realidad, el miedo es el que *provoca* el fracaso. Y, es más, es la razón por la cual, en todas las circunstancias, conviene no solo estar genuinamente comprometido con lo que se hace, sino también estar relativamente desapegado. Es decir, entender que, aunque el objetivo que se persigue es importante, esta importancia no es absoluta, sino relativa.

En cierto modo, se podría llegar a pensar que fue el orgullo lo que mató a Crowhurst. El orgullo que le impidió tirar la toalla. ¿Fue el único motivo? Nunca lo sabremos. Pero aun así podemos imaginar que el miedo a lo que dirían sus seres amados, así como la incapacidad de asumir, en vista del amor que él sabía que le profesaban, su ineludible y fatal engaño fue lo que precipitó tan trágico final de su travesía marítima.

VIII

La Esfinge de Bénodet

La noche del 12 al 13 de junio de 1998, Éric Tabarly desapareció. Mientras viajaba a bordo del Pen Duick camino de Escocia —donde iba a participar en una convención de veleros diseñados por el arquitecto William Fife, el padre del Pen Duick—, de repente, Tabarly salió despedido hacia el mar. Su tripulación no pudo rescatarlo. Hay que tener en cuenta que Tabarly nunca llevaba arnés de seguridad. Si su tripulación quería usarlo, allá ellos, pero el patrón lo tenía claro: «Prefiero caer al agua y morir en pocos minutos, por duro que sea, que pasarme el día enredado en la línea de vida de un barco». Por si fuera poco, la leyenda también pone en su boca la siguiente frase: «Un hombre que cae al agua es un hombre que no pinta nada en un barco».

Huelga decir que podríamos imputar este drama a la fatalidad, al destino o al azar. Ahora bien, me gustaría hacer una puntualización... Sí, el accidente se produjo, pero la tripulación ni siquiera pudo avisar a los servicios de emergencias. Por una razón bien simple, además: llevaban a bordo una emisora VHF portátil (un sistema de comunicación de alta frecuencia), pero las pilas dentro del aparato estaban agotadas. Al igual que su negativa a ponerse el arnés, ¿sería esto otra señal de imprudencia? No se sabe con certeza. Aunque, con toda probabilidad, seguramente se tratara de una concepción tradicional de la navegación. Tabarly se movía por el mar como pez en el agua. Le gustaba salir a navegar y quería disfrutar de la libertad que le proporcionaba, de ahí que apenas se comunicara por radio durante las competiciones. Tabarly llegó a adelantarse a los acontecimientos cuando le dijo a un periodista que una radio «jamás hizo que avanzara ningún barco». Así que, volviendo a la desaparición de este marinero tan particular, se podría decir que desapareció igual que vivió: con osadía, pero también con esa impasibilidad que lo caracterizaba y de la que su sonrisa, que seguro contribuyó a su leyenda, daba fe. Considerado por muchos «el sabio del océano», Tabarly se ganó un apodo, la Esfinge de Bénodet, ya que, en un mundo tan verborreico, tanto su reserva natural como su laconismo resultaron siempre enigmáticos.

Remontémonos a un hecho fundacional en la vida de Tabarly. El 19 de junio de 1964, veintisiete horas después de haber partido de Plymouth (al suroeste de Inglaterra), el joven oficial de marina, desconocido para el gran público por aquel entonces, se llevó a casa la victoria en la segunda edición de la Transat en solitario bajo las narices de los ingleses.

Alzarse con la victoria fue muy impactante para este apasionado de tan solo 32 años, que logró sobrepasar al favorito de la competición, el británico Francis Chichester, el cual había ganado con facilidad la primera edición de esta regata transatlántica cuatro años antes con su balandro[66] Gipsy Moth III. El triunfo lo pilló por sorpresa; tanto es así que Tabarly arribó a Newport sin saber que había ganado con un gran margen de diferencia. No fue hasta pasar el buque faro de Nantucket, una decena de millas antes de llegar a Newport, cuando oyó que un marinero le gritaba: «You're first!». Chichester estaba mucho detrás. Tabarly pulverizó el récord

[66] Velero de un solo mástil y, por lo menos, dos foques (velas delanteras).

de 40 días, 12 horas y 30 minutos que había logrado el británico en 1960.

La hazaña llegó a los titulares de los periódicos franceses y copó horas y horas de radio y televisión. Tabarly fue nombrado caballero de la Legión de Honor y se convirtió en un héroe. Francia cayó rendida a los pies de ese marinero de rostro escuálido y ciertamente poco elocuente, sobre todo, cuando respondía a preguntas de los periodistas. Su reserva, que se explica por su timidez y humildad, caló hondo entre los franceses. Sobre todo porque, por muy poco que se sepa sobre el mar, lo lógico es suponer que perder el piloto automático en plena competición en solitario no es solo un simple «incidente», como aseguró Tabarly a su llegada a Newport. Esta anécdota la narra en uno de sus libros, en los que desvela todos los detalles sobre la regata:[67] cuando el piloto automático se estropeó el 31 de mayo, la Esfinge de Bénodet decidió tirar la toalla. Pero, veinticuatro horas más tarde, cambió de opinión y decidió seguir en la regata. No tenía claro cómo podría ganar si era imposible que pegara

[67] Éric Tabarly, *Victoire en solitaire*, París, Arthaud, 1964. [Traducción al castellano: *Victoria en solitario*, Barcelona, Juventud, 1981].

ojo. Al final, tras leer una multitud de ensayos que aseguraban que el barco podía quedarse en equilibrio si se bloqueaba el timón, la voluntad de vencer y perseverar ganó la batalla. Fue una auténtica lección de coraje y perseverancia para toda Francia.

Y así fue como nació la leyenda. Una leyenda que no solo abarca sus logros deportivos y marítimos, sino también la personalidad de este marinero que inspiró a tantos otros navegantes franceses, como Olivier de Kersauson, Philippe Poupon, Alain Colas, Titouan Lamazou, Jean-Louis Étienne y muchos más. Todos estos marineros lo tienen claro: Tabarly era taciturno, es cierto, pero no era salvaje ni antisocial. Le encantaban las payasadas de Kersauson —su segundo a bordo en el Pen Duick VI durante muchos años— y disfrutaba genuinamente de las travesías marítimas con su tripulación. Tabarly era buen hombre y camarada. Rara vez se irritaba. Nunca gritaba a su tripulación ni los reñía. Al contrario, Tabarly ni siquiera mandaba cómo hacer las cosas; simplemente las hacía, dispuesto como era él. De nuevo, los marineros están de acuerdo: Tabarly no aleccionaba, daba ejemplo. Su tripulación observaba atentamente cómo trabajaba y trataban de imitarlo. Además, hay un aspecto muy interesante de Tabarly que revela más que una simple predisposición natural por la navegación y las regatas transoceánicas: cómo lideraba a su equipo y cómo trataba a su tripulación; seguramente influenciado por su antiguo rango de oficial de la marina.

Uno podría imaginar que un dirigente, un jefe, un comandante y, cómo no, el timonel de un barco tendrían vocación de formular exigencias, dar consignas de acción y, llegado el caso, incluso órdenes. Y, siguiendo este razonamiento, uno podría considerar que un jefe no se convierte en jefe salvo que reúna las cualidades para estar al mando, es decir, que tenga la habilidad de dar instrucciones y que estas se obedezcan. Pero esta no es la única manera de verlo, y seguramente la experiencia militar de Tabarly lo llevara a entenderlo. ¿Acaso un jefe no es aquel que extrae su autoridad y su prestigio de su capacidad de dar ejemplo a sus subordinados? Y ¿no es también aquel que, de pedir a sus soldados o a su tripulación que lleven a cabo una tarea difícil, ingrata e, incluso, peligrosa, hará de avanzadilla frente a las dificultades que deberán superar sus subordinados? Dicho brevemente, ¿acaso no es esta ejemplaridad mediante el compromiso, el esfuerzo y la valentía la que no solo impresionó a la tripulación de Tabarly, sino que también confirmó su autoridad a bordo y contribuyó a crear la leyenda?

Habrá quien arguya que la posteridad del patrón del Pen Duick se debe a su aproximación técnica a la navegación. Y no se equivocaría.

Antes que nada, Tabarly es uno de los pioneros de los barcos multicasco. Convencido de que tenía el potencial para ser uno de los barcos más veloces del mercado, en 1968 mandó construir el Pen Duick IV: un trimarán de 21 metros de largo que ganó su primera competición en 1972 en la Transat inglesa, bajo el nombre de Manureva, y a los mandos de un antiguo miembro de la tripulación de Tabarly, Alain Colas, que desapareció con ese mismo velero en la Ruta del Ron en 1978. Aquel trimarán era innovador en muchos aspectos. El casco era de una aleación de aluminio que contribuía a su ligereza y estaba conectado mediante brazos de enlace, en lugar de piezas fijas. ¿Por qué? Por dos razones. La primera, para evitar que el impacto de las olas ralentizase el velero. La segunda, para reducir la presión del viento bajo el casco durante la escora y así disminuir el riesgo de vuelco. Es más, con el fin de reducir ese riesgo, Tabarly se decantó por usar flotadores muy delgados para que, en caso de una escora pronunciada, se hundieran con más velocidad y retrasaran así el riesgo de vuelco.

El padre de los Pen Duick buscaba incrementar el rendimiento de sus veleros y, con ese objetivo en mente, se le ocurrió optimizar la velocidad de los barcos mediante hidroalas[68] para así mejorar la estabilidad del trimarán de competición al reducir su estela, es decir, la fricción entre el velero y el agua.

En 1975, se citó con Alain de Bergh y Claude Picard, ingenieros en Dassault Systèmes. El dúo, muy interesado en el proyecto de Tabarly, se convirtió en un trío con la llegada de Pierre Perrier y, más adelante, en un cuarteto con la incorporación del profesor Tsen del Centro de Estudios Aerodinámicos y Térmicos de la Universidad de Poitiers. Fue Bergh quien, tras varias semanas de investigación, propuso la posibilidad de hacer que el motor, por decirlo de alguna forma…, «volara». En 1975, se llevaron a cabo pruebas en un túnel de viento, se investigaron las hidroalas en la Escuela Nacional Superior de Mecánica Aeronáutica de Poitiers y también se probó una maqueta sobre un plano de agua interior. Las intuiciones de Tabarly resultaron no ser nada descabelladas. Hoy por hoy, es bien sabido que todo monocasco y multicasco que pretenda

[68] Ala que se desplaza sobre el agua y que le otorga al velero una mayor capacidad portante.

romper récords de velocidad debe contar con las famosas hidroalas. Si antes del pistoletazo de salida de la última Vendée Globe hubiera habido alguna duda sobre su fragilidad —aunque todos los veleros participantes contaban con hidroalas—, la experiencia ha demostrado que los veleros equipados con hidroalas son de lo más fiables.

En 1976, Tabarly se citó con Jean Garnault, profesor en el IUT de Ingeniería Civil de La Rochelle. Garnault le propuso construir la maqueta de su proyecto de hidroplano (un velero con hidroalas). Pero ese mismo año y pese a los experimentos alentadores que se llevaron a cabo durante el verano, debido a la ausencia de patrocinadores, el proyecto fracasó.

Así pues, Tabarly se lanzó a la Transat inglesa en solitario a bordo del Pen Duick VI: el barco más rápido de aquella época. Seamos conscientes de la hazaña: el marinero decidió participar en la regata con un monstruo de velero de unos 22 metros de largo y que estaba concebido para navegar con una tripulación de catorce personas. Sin embargo, se embarcó en semejante proeza en solitario a sabiendas de que ello demandaría capacidades físicas fuera de toda norma. Tabarly enseguida comprendió que le sería imposible izar y, sobre todo, arriar[69] él solo el *spinnaker* de 360 metros cuadrados: una vela imprescindible para navegar con vientos portantes. Así pues, ideó un sistema que se basa en una funda de un tamaño equivalente al de la altura de la vela dentro de la cual se iza el *spinnaker* como si estuviera dentro de un calcetín. Cuando la funda con la vela dentro llega a lo alto del mástil, una trinca textil ayuda a levantar el calcetín para que se despliegue la vela. Así, la vela liberada puede recibir el viento y desplegarse correctamente; sin el calcetín siempre se corre el riesgo de que el *spinnaker* se infle de manera prematura, lo cual imposibilitaría que se izara completamente. Este sistema, muy extendido hoy por hoy y utilizado tanto por aficionados como por marineros duchos, se conoce como «calcetín de *spinnaker*». Este sistema hizo que Tabarly pudiera arriar la vela sin que se cayera al agua al accionar uno de los dos cabos de la trinca para que el calcetín ocultara la vela antes de arriarla.

Llegados al final de este capítulo, no hemos sino rozado la enternecedora personalidad de este enamorado del mar y de los barcos veloces. Si la imagen de un navegante un poco brusco no es del

---

[69] Bajar una vela.

todo fiel a la realidad —como aseguran muchos que lo frecuentaron—, tampoco impide que sea esa reputación más o menos truncada la que le granjeara la notoriedad a este campeón, más allá de sus cualidades y logros como marinero. Ya que, en honor a la verdad, Éric Tabarly no solo nos enseñó a navegar. No solo nos demostró cómo competir y ganar con talento. En cierto modo, el mar fue para él la escuela de la vida. Sus triunfos y sus derrotas, su inventiva y su descaro: todos son elementos que constituyeron ya no solo una forma de navegar, sino también una forma de vivir; en otras palabras: un arte. Nunca rendirse. Nunca desesperar. Hacer todo lo posible por conseguir lo que queremos. Reflexionar. Soñar. Poner la inteligencia, la imaginación y la energía al servicio de la acción. Hablar menos y actuar más. No aleccionar, sino dar ejemplo. Ceder la palabra para observar y escuchar. Al final, son todas estas dotes las que hacen menos al gran marinero que fue y más al gran hombre en el que se convirtió.

Epílogo

Para Baudelaire, el mar es un universo que todo enamorado de la libertad debe saber apreciar. Dado su estado líquido, el mar no opone resistencia a recorridos o a travesías como sí lo hacen las montañas. La historia así lo demuestra. El mar siempre ha participado del desarrollo del comercio y de los intercambios culturales. Reúne a pueblos que las montañas separan. Es toda una invitación al viaje que nos permite, lejos de lo conocido, descubrir lo desconocido. Y así es como el mar permite al hombre vivir en libertad.

A fin de cuentas, ¿no es preciso partir, dejar la morada y, no huir, sino descubrir otras costumbres, opiniones y culturas, para liberarse de los prejuicios y dejar atrás la ignorancia, y así entender que se pueden vivir vidas diferentes a la nuestra? Si el viaje nos aleja de lo cotidiano, ¿no invita por tanto a la reflexión? Es más, ¿qué es reflexionar sino cuestionar nuestras opiniones? «Dialogar con uno mismo», decía Platón.[70] La reflexión necesita alejarnos de lo que nos es íntimo y subjetivo. Y lejos es donde nos lleva, precisamente, ¡el viaje! Por si fuera poco, al ofrecernos una tabla rasa en el horizonte, el mar no solo nos está invitando a explorar tierras inexploradas, descubrir regiones ignoradas, sino también a alejarnos de nuestro modo de vida en tierra firme.

Si este libro pretende enseñar algo a los lectores es que el mar nos invita a conducirnos por la vida de manera filosófica. Al dejar atrás toda certeza, ir al encuentro de experiencias nuevas y abrirnos a la posibilidad de una existencia quizá insospechada, descubrimos la ocasión privilegiada de revitalizarnos y reinventarnos. Al fin y al cabo, ¿cómo vamos a perder de vista la tierra sin descubrir forzosamente que tenemos la capacidad de vivir de manera distinta a como lo hemos hecho toda la vida? ¿Para qué hacerse a la mar si no es para encontrarse a uno mismo al ponerse a prueba, es decir, cuestio-

---

[70] Platón, *Théétète*, París, Garnier-Flammarion, 1967, 189e-190a, pág. 136. [Traducción al castellano: *Teeteto*, Madrid, Biblioteca Nueva, 2003].

nándonos a nosotros mismos mientras dejamos las certezas en la costa para examinar nuestras propias opiniones?

En cierto modo, el mar es una escuela de pensamiento. En su seno nos vemos obligados a aceptar los imprevistos y, en consecuencia, debemos hacer gala constantemente de la prudencia y el discernimiento. No obstante, esta buena vida no adolece de una dimensión estrictamente intelectual. En alta mar, no solo hay que dominar el pensamiento. También hay que saber aceptar la contingencia y, por si fuera poco, sentirse satisfecho con esa aceptación. Llegados a este punto, les propongo un ejercicio de honestidad. ¿Saldríamos a navegar si el mar no nos diera aquello que la tierra firme no nos puede dar? ¿De qué serviría alejarse de la costa si también en alta mar encontráramos la ayuda y la proximidad de nuestros semejantes que nos ofrece tierra firme? No cabe duda de que salimos a navegar para vivir aventuras; es decir, para encontrarnos con lo imponderable: eso que nos trastoca los planes, nos preocupa o nos inquieta, pero que se puede manejar sin que constituya necesariamente una catástrofe.

También es el mar la escuela de la vida. Es donde aprendemos a controlar no ya nuestros pensamientos, sino también nuestras emociones. Solo así evitamos tomar malas decisiones derivadas de la precipitación o la preocupación. Para ser feliz en alta mar es preciso aceptar el miedo, pero también saber controlarlo. Puede que haya a quien esto le sorprenda, pero no debería. Al enfrentarnos a un peligro es normal tener miedo. ¡Lo que no es normal es tenerle miedo al miedo! Y todavía menos avergonzarse de ello. El miedo es un barómetro. Nos da a entender que, aunque igual no estemos frente a un peligro objetivo, por lo menos sí que estamos ante una situación incómoda que amenaza con poner en apuros nuestras capacidades físicas y cognitivas; y esto sí que supone una amenaza real. O aceptamos que vamos a tener miedo, o es mejor no salir a navegar. Pero, cuidado, aceptar el miedo no implica regodearse en él ni resignarse con pasividad. Sencillamente, se trata de reconocer cuando una situación nos inquieta y utilizar todos los medios a nuestra disposición para sobreponernos a las dificultades que conlleve.

Recuerdo una travesía que hicimos desde las Azores. Éramos tres marineros a bordo y habíamos zarpado de la isla de Terceira hacía cuatro días. Estábamos a unas trescientas millas náuticas al oestenoroeste del cabo Finisterre. Pese a que zarpamos con sol, pronto el cielo se encapotó, el viento alcanzó una intensidad de 5 en la escala Beaufort y el oleaje se intensificó. Pero, claro, la tripulación estaba más que acostumbrada, así que el ambiente a bordo era bueno, sobre todo, teniendo en cuenta los turnos de noche que, a la larga, suelen volverse bastante fatigosos cuando solo hay tres tripulantes a bordo.

En uno de esos cambios de guardia, sobre las tres de la madrugada, me dirigía yo feliz y contento a reunirme con mi litera y echar unas horas de sueño cuando, de repente, el propietario del velero vino a verme y me comentó que acababa de mirar las previsiones meteorológicas según nuestra posición satelital; parecía muy preocupado. Al preguntarle por las previsiones, me contó que se preveían vientos fuertes durante las próximas horas: entre 9 y 10 en la escala Beaufort. Dicho de otra manera: se esperaba una tempestad. Por descontado, ese no era el tiempo que esperábamos cuando zarpamos de las Azores cuatro o cinco días antes camino de La Rochelle. Volví a mi litera con la cabeza a mil por hora. ¿Cuándo se nos echaría encima la tempestad? ¿Resistiría nuestro velero? ¿Cómo reaccionaría al enfrentarme a la tempestad y cómo lo harían mis compañeros? Y, sobre todo y ante todo:

¿qué narices hacía yo allí? ¿Cómo se me ocurrió hacer una travesía de ida y vuelta entre La Rochelle y las Azores en tres semanas? Huelga decir que, con esos plazos, se hacía imposible esperar, tanto a la ida como a la vuelta, a las condiciones ideales y más seguras.

Aunque ya han pasado más de veinte años desde ese día, recuerdo como si fuera ayer que aquella noche no pude pegar ojo, igual que recuerdo lo difícil que se me hizo el día siguiente tras pasar toda la noche en vela. Para serles sincero, la tempestad nunca llegó. El viento sopló como máximo a una intensidad de 7, pero como navegábamos en un velero de 16 toneladas, el fuerte viento se pudo manejar sin mayor dificultad. Ahora bien, en retrospectiva, aquella noche tuve miedo de verdad. Sin duda porque, si bien ya había experimentado vientos de intensidad 10 en navegación costera con un viento de tierra y el mar en calma, no sabía cómo sería vivir una tempestad en mar abierto y tener que *manejar* no solo el viento, sino también eso que los marineros llaman «mar de viento», esto es: el efecto del viento sobre el mar; es decir, las olas y la tempestad.

Me repito: el miedo es una respuesta natural al enfrentarse a condiciones de navegación difíciles.

Sin embargo, eso no implica que el marinero deba sentir ese miedo de forma pasiva. Como navegar implica arriesgarse, siempre podemos prepararnos para los imprevistos. Y, por ello, el mar es también una de tantas escuelas de la vida. A fin de cuentas, que nos sobrevenga un suceso desafortunado no significa que tengamos que resignarnos a la desgracia. No tengo el poder de impedir que mi barco, a toda velocidad, choque contra un tronco a la deriva. Igual que no puedo excluir que, en ese caso, se produzcan daños en el velero. Así que no puedo predecir que no me vaya a ver en la situación de, en pleno mar (por pequeña que sea la probabilidad), tener que abandonar el navío. Pero sí puedo preparar a mi tripulación en caso de que eso suceda. Igual que puedo comprobar de antemano que dispongo del material que necesitaría de darse el caso y asegurarme de su correcto funcionamiento. Por lo tanto, si bien no tenemos la posibilidad de hacer que las cosas sucedan como a nosotros nos gustaría, como tenemos la capacidad de reflexionar, sí podemos librarnos de la fatalidad al hacer de nuestra vida un «destino libre».

Los navegantes de travesías largas lo saben: cuando se preparan para una travesía de más de cinco días, las previsiones meteorológicas se han de entender como meras probabilidades, más o menos acertadas. Si bien es cierto que, mientras que algunas situaciones son estables, otras no lo son tanto y eso impide cualquier proyección certera a largo plazo. Sin embargo, sí es posible prever, en cierto modo, las condiciones del mar y del viento en una zona determinada. Los *pilot charts* son documentos que, zona por zona, son capaces de predecir el tipo, la intensidad y la dirección del viento con el que nos podemos encontrar; incluso pueden predecir la intensidad de una marejada.

Por consiguiente, resulta mucho más sencillo manejar las condiciones meteorológicas de una travesía si, con anterioridad, hemos estudiado las previsiones y las estadísticas. Lo cual pone de manifiesto que, si bien el mar es la escuela de la inteligencia, también lo es de la voluntad reflexiva. Ya que es la ambición de completar un proyecto lo que lleva al marinero a organizar su travesía en función del conjunto de parámetros del que depende su éxito.

Habrá quien se pregunte si no posee la tierra firme los mismos atractivos que el mar. A fin de cuentas, esta también pone a nuestra disposición formidables espacios más o menos inexplorados. Se equivocan. Pero eso no quita que, como indica el filósofo Hegel en su obra *Lecciones sobre la filosofía de la historia*,[71] si la tierra ata a los hombres al sol, el mar, en términos generales, crea un tipo de vida que es la vida del aventurero. Como ya se ha subrayado en esta obra en múltiples ocasiones, el hombre, sigue Hegel, debe demostrar su astucia. No solo porque en alta mar no dispone de la asistencia y el auxilio que podría necesitar, sino, además, porque está inmensa extensión posee un carácter singular: el mar es *blando*.

A primera vista, es una característica atractiva. Como el mar es blando, no se resiste a ninguna presión. De hecho, parece infinitamente inocente, sumiso, afable, incluso. Ahora bien, ¿acaso esa cualidad no esconde también el que es su mayor peligro? Como el mar no se resiste ni al más mínimo viento, ¿no significa eso que puede transformarse en el medio más peligroso y poderoso? ¿Y no es ese el motivo por el cual, en alta mar, el coraje debe ser también astucia? Como señala Hegel, el marinero tiene que vérselas con el elemento más astuto, inse-

[71] Georg Wilhelm Friedrich Hegel, *Leçons sur la philosophie de l'histoire* (1848), París, Vrin, 1963, «Introducción», pág. 74. [Traducción al castellano: *Lecciones sobre la filosofía de la historia universal*, Madrid, Alianza, 2004].

guro y traicionero. ¿Se refiere Hegel al fenómeno de las «olas gigantes»? ¿O quizá a los tsunamis? Es difícil saberlo. Sin embargo, queda claro que, para Hegel, su cualidad blanda y su aparente docilidad son lo que permiten que el mar se vuelva, literalmente, monstruoso. Aunque, a su vez, estas cualidades también despiertan el coraje y estimulan la inteligencia del hombre.

Llegados al final de este libro, me gustaría haber conseguido demostrar la felicidad que proporciona no solo navegar, sino vivir en alta mar. La navegación en alta mar, si bien constituye una disciplina y, en el sentido estricto de la palabra, una ascesis, también nos ofrece la oportunidad de vivir libres y, dicho lisa y llanamente, de aprender a vivir. Espero que la lectora y el lector que hayan llegado hasta aquí y que todavía no conozcan bien el mar, vean nacer el deseo de levar amarras. Si ese fuera el caso, todos mis esfuerzos se verían recompensados.

Glosario

A favor del viento: un velero navega a favor del viento cuando el viento viene por detrás.

Amollar: dejar que se deslice la jarcia.

Aparejo: conjunto del material necesario para la manipulación de un barco de vela.

Arriar: bajar una vela.

Babor: lado izquierdo de un navío al mirar hacia la proa (la parte delantera).

Balandro: velero de un solo mástil y, por lo menos, dos foques (velas delanteras).

Barboquejo: cable o cadena que mantiene el botalón en el eje del barco por la proa.

Borrasca: fenómeno meteorológico de unos minutos de duración por el cual la velocidad del viento se acrecienta de forma repentina y cambia de dirección bruscamente.

Botalón: pieza larga de madera o de metal, fija o retractable, que apunta a la proa desde el eje del barco para aparejar las velas delanteras.

Botavara: mástil horizontal donde se fija el pujamen de una vela.

Cabo: se dice de todo cordaje que se encuentra en un navío.

Carena: parte sumergida del casco de un navío.

Circunnavegación: travesía marítima alrededor de un continente o de toda la Tierra.

Costear: navegar bordeando la costa y haciendo escalas.

Driza: cabo con que se izan las velas.

Enrollador: dispositivo mecánico (a veces motorizado) que permite enrollar y desenrollar una vela delantera alrededor de un cable llamado estay.

Escala de Beaufort: escala de 0 a 12 grados propuesta por el almirante Beaufort en 1806 (modificada en 1946) y utilizada para medir la intensidad del viento.

Escora: inclinación transversal de un navío.

Estratificación: impresión de resina.

Estribor: costado derecho de un navío al mirar hacia la proa.

Fondear: echar anclas.

Hidroala: ala que se desplaza sobre el agua y que le otorga al velero una mayor capacidad portante.

Mesana: el mástil más pequeño de un velero, que se encuentra detrás del palo mayor.

Milla marina (o náutica): unidad de medición de la distancia utilizada en el mar. Una milla marina equivale a 1852 metros.

Monocasco: barco de un solo casco, a diferencia de los barcos multicasco.

Nudo: unidad de medida de la velocidad de un barco. Un nudo equivale a una milla marina (1852 metros) por hora.

Ola gigante: ola de gran altura, repentina y extremadamente rara que le dobla la altura a las olas que la rodean y que está provocada por la conjunción de las corrientes, el viento y las olas.

Ollao de rizo: ojete cosido en una vela que permite mantenerla baja cuando se reduce su superficie.

Palo: en un navío, una pieza larga de madera, de metal o de otro material.

Pinzote de botavara: herraje articulado que conecta el mástil y la botavara de un velero y así permite que este se oriente vertical y horizontalmente.

Polimerizar: endurecer.

Popa: parte trasera de un navío.

Proa: parte delantera de un navío.

Pujamen: uno de los tres costados de una vela triangular; aquel que es comparable a la base de un triángulo.

Queche: velero de dos mástiles, con el palo mayor situado en la parte delantera.

Rizo: parte de la vela que se puede replegar o arriar para reducir su superficie.

Roa: pieza saliente que forma la proa de un barco y asegura el ensamblaje del forro (conjunto de tablas que forman el casco del barco).

Serac: bloque de hielo de gran tamaño que se crea al desprenderse de un glaciar.

Surfear una ola: fenómeno de aceleración en la cresta de una ola.

Trasluchar: cambiar de bordo con el viento por la popa.

Trinquetilla: vela triangular de poca superficie que se iza por la parte delantera del velero, muy cerca del mástil.

Vela génova: vela de gran superficie que se ubica delante del mástil.

Vela mayor: vela principal de un velero de un solo mástil o la vela más grande correspondiente al mástil más grande en un velero con varios mástiles.

VHF: del inglés, *very high frequencies*. Aparato radiofónico que permite la comunicación con otro
navío o con tierra firme, a condición de que
ambos no estén muy alejados.

Winch: también llamado cabestrante. Equipo fijo
ubicado en la cubierta de un velero que permite incrementar la tracción ejercida por la tripulación sobre el cordaje (escota, driza, brazo de
spinnaker) utilizado para modificar la superficie
y el ajuste del velamen.

Zozobrar: Se dice de un navío que vuelca hacia delante, en lugar de hacia los lados.

Bibliografía

BESTAVEN, YANNICK, *Mon tour du monde en quatre-vingts jours*, París, Gallimard Loisirs, 2021.

BLAISE, PASCAL, *Pensamientos*, Madrid, Punto de Vista, 2023.

COLES, ADLARD y PETER BRUCE, *Navigation par gros temps*, París, Voiles/Gallimard, 2010.

DESCARTES, RENÉ, *Discurso del método*, Madrid, Tecnos, 1987, págs. 33-34.

DINELLI, RAPHAËL, *Le Pirate du tour du monde*, París, Anne Carrière, 1997.

ÉLIÈS, YANN, *Survivant des mers du Sud*, París, Mer & Découverte, 2009.

EPICTETO, *Manual para la vida*, Madrid, Guillermo Escolar, 2022.

HADOT, PIERRE, *¿Qué es la filosofía antigua?*, Madrid, FCE, 1998.

HALL, RON y NICHOLAS TOMALIN, *The Strange Voyage of Donald Crowhurst*, Londres, Hodder & Stoughton, 1978.

HEGEL, GEORG WILHELM FRIEDRICH, *La razón en la historia*, Madrid, Seminarios y Ediciones, 1972.

— *Lecciones sobre la filosofía de la historia universal*, Madrid, Alianza, 2004.

HOMERO, *Odisea*, versión de Fernando Gutiérrez, Barcelona, Penguin Clásicos, 2015.

MOITESSIER, BERNARD, *El largo viaje*, Barcelona, Juventud, 2004.

— *Un vagabundo de los mares del Sur*, Barcelona, Juventud, 2021.

PARLIER, YVES, *Robinson des mers*, París, Robert Laffont, 2001.

PLATÓN, *Teeteto*, versión de Serafín Vegas, Madrid, Biblioteca Nueva, 2003.

PUSTIENNE, JEAN-PIERRE y LAURA DAMIOLA, *Rescapés du Grand Sud*, Burdeos, Zeraq, 2016.

QUEFFÉLEC, YANN, *Tabarly. Une vie*, París, L'Archipel/Fayard, 2008.

TABARLY, ÉRIC, *Victoria en solitario*, Barcelona, Juventud, 1981.

— *Mémoires du large*, París, Le Livre de Poche, 1998.